政治文化

與

政治人格

石之瑜◎著

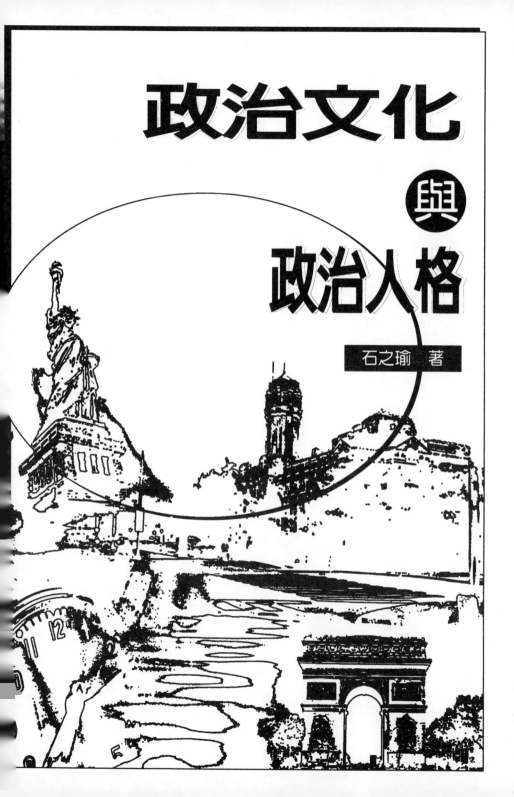

叢書序

　　文化向來是政治學研究中為人忽略的課題，因為文化涉及主觀的價值與情感，它賦予人類為了因應特定時空所仰賴的主體意識，從而得以進行各種發展並創意調整，故與當代政治學追求跨越時空的行為法則，甚至企圖預測歷史進程的必然途徑，可說是南轅北轍的思惟模式。正因為如此，西方主流政治學的研究議程中，存在著對文化的展開起封閉凝固作用的知識論，當這個議程經由近二十年來留學西方的學者帶回國內之後，也已經對在地政治知識的追求產生封鎖的效果。

　　在這樣的知識社會學背景之下，「知識政治與文化」系列推出了，乃是揚智文化盡其心力，回歸在地的勇敢表現，不僅率出版界的先聲，向西方科學主義主宰的文化霸權宣告脫離，更也有助於開拓本土的知識視野，為在地文化的不受主導做出見證。這個系列的誕生，呼喚著知識界，共同來發揮創意的精神，釋放流動的能量，為邁進新世紀的政治學，

注入人性與藝術的氣質。

「知識政治與文化」系列徵求具有批判精神的稿件，凡是能對主流政治學知識進行批判與反省的嘗試，尤其是作品能在歷史與文化脈絡當中，發掘出受到忽視的弱勢，或在主流論述霸權中，解析出潛藏的生機，都是系列作者群的盟友，敬請不吝加入這個系列。不論是知識界勇於反思的先進同仁，或亟思超越法則規範的初生之犢，都歡迎前來討論出版計畫；學位論文寫作者如懷有相關研究旨趣，歡迎在大綱階段便即早來函賜教。

我們期盼伴隨著系列一起成長，任由自己從巍峨皇殿的想像中覺醒，掀開精匠術語的包裝，認真傾聽，細心體會，享受驚奇，讓文化研究的氣息蔚然成風。

叢書主編
石之瑜

包序

　　石教授之瑜兄囑我爲其大作《政治文化與政治人格》作序，這是揚智文化推出的「知識政治與文化」系列第一響，我當即欣然同意。雖然石教授的文章需費神閱讀，方能得其精髓，但其中所蘊涵之道理，卻是引人深思的。

　　在這本著作中，石教授首先點出中國文化與充滿國外價值之現代化間的對立與對比，描繪出中國人從自信走入焦慮與自恨的心路歷程。當固有文化之規範從政治人物心思中褪色時，自我迷失於西方價值中之權力爭逐乃成爲作者心目中無可逃避的宿命。而西方強權所遺留下來的後殖民政治人格也成爲石教授進行批判的依據。

　　事實上，在石教授的論述中，我們可以很明顯的感受到他對失去之中國固有文化價值的執著。石教授所推崇的是以固有文化爲本之典範型政治文化，以及因此而型構出來的政治制度與政治人格。石教授也以間接方式，道出不同文化間之接觸所觸發的比較與競爭，以及因此對自我認知的挑戰。

　　石教授認爲文化與人格是政治學中不可或缺的現象，顯示其對此二者的高度重視，而文化與人格之難於掌握，又多少透露出政治學中實證上的困難。在這本著作中，石教授以一介書生，卻能爲中國百餘年來的價值歸屬問題提出深層反思，是相當難得的。

　　　　　　　　　　　　　　台灣大學社會科學院院長
　　　　　　　　　　　　　　包宗和

明序

　　在今日政治學研究的領域中，有關政治文化和政治人格的研究向來是被視為邊緣或至少是非主流的。但是在我個人心目當中，它們的重要性卻不因此而有所減損。

　　它們被視為非主流至少有兩方面的原因：研究方法和研究的課題。首論研究方法，一般而言，它們所採用的研究方法中，以質化的研究（如剖析性的論述）為多，計量的方法比較少見，因此在日漸量化的政治科學中被視為邊緣。其次就探討的課題而言，文化與人格往往被「正統」的政治學家看做是虛幻不實而且難以捉摸的領域，其重要性因而大打折扣。

　　本系石之瑜教授長年浸淫於政治文化與政治人格的研究，成果豐碩，迭受肯定。在其薰陶之下，本系與國內一些青年學子亦紛紛投入有關之研究，而且已經獲致相當出色的成果，本系列即為他們辛勤耕耘的結晶。我個人對於相關研究所知有限，然而在力所能及範圍內亦常盼有所關注。適逢

本系列問世，欣羨之餘，爰草此序，以附驥尾。

台灣大學政治學研究所所長

明居正

自序

　　文化與人格是當代政治學中幾乎不存在的另類課題，但隨著後殖民地文化的蔓延，與專擅難馭的全球化風潮，更加凸顯的是，政治的意涵益加不可界定。政治學界需要更寬闊的視野，來體會紛雜流動的政治現象。這在深受帝國主義與殖民主義肆虐的中國文化來說，更是刻不容緩，因為追求現代化的歷史宿命論，正迫使中國人用鄙夷的眼光看待自己的歷史與身分，形成內在的焦慮與自恨，繼之而起的就是行為的偏執。本書的目的乃是探索政治學出現嶄新研究議程的可能性，將文化、歷史與人格提上研究議程，主軸則是固有儒家價值與西方自由民主思想的相互調適。本書乃利用個案的探討，為超越舊世紀政治學披斬幾束荊棘。

　　第一章將以兩個具體的例子，從微觀層面說明固有文化與憲政主義是怎麼互動的，並探討五權憲法如何調適這兩種價值，以及早年「全民政治」的制度如何失敗。然後本章將

分析指出，後來又有「全民政府」的倡言，但不僅牴觸固有
文化的期許，同時有害憲政主義的落實。最後的反思將是，
憲政主義作爲一種國外輸入的價值，由於引導人們從制度權
力的角度思考問題，已經有效地改變了人們對政治正當性的
態度，則使得固有文化對政治人物內生的教化作用，也逐漸
失去規範的力量。政治人物利用道德地位追求制度權力，就
會失去道德，道德權力與政策權力不可兼得。

　　本書接著根據第一章的分析提出批判，認爲我國的憲法
文化是歷史發展而來，故憲政主義不能逕視之爲是文化改造
工程，更不能假定憲政主義會隨憲法的施行而形成。憲法、
憲政主義的理念、文化三者之間是相互影響的，而他們的本
源不同，所以融合起來出現的可能形態多種多樣，不能一概
而論。第二章指出，在關於總統的權力問題上，知識界必須
認識到，今人所說的權受到西洋政治學與法律學的權力與權
利概念的制約，發展不出一套可以與固有文化的「權」對話
的架構，而後者所涵括的德治、情境、倫理與變通等話語，
對於百姓在期盼領袖，以及領袖在自我期許時，可能起更多
的情感牽引作用。如果回頭去看一九四七年憲法，其中充滿
了德治色彩，回到憲政的源頭，是重新思考總統權力的一個
有效起點。

從片紙隻字的字裡行間，第三章摸索著一個今天已經不存在的政治人格，那就是初時曾在革命救國的大時代氣氛下成長，後又經歷蔣氏領導下的戰爭、敗亡、復興與沒落，最後再退隱辭世，卻廣受部屬懷念的沈昌煥。體會他的人格像是閱讀文學作品，書寫他的人格也像是在文學創作。這種消失了的人格的重建嘗試，不僅帶進了對革命時代背景的好奇，更讓人對於在西潮衝擊之下成長，面對國破山河的青年養成，充滿驚異。從沈昌煥的政治應對之中透露出的，是西方政治學所設想不到的人格範型，從他的鴻爪行間所保留的，則是台灣政治文化發展中失去的歷史聯繫。最大的啓示是，在傳統與西潮之間的人格形成，沒有固定的道理，但卻又對政治發展起著這樣或那樣不能歸納於一的影響。

第四章探尋後殖民文化下政治人格的形成，包括李登輝與陳水扁。李登輝自我意識頗強，近乎一般概念中的自戀人格，他的自我意識是透過一種向外的對抗來完成，他爲了控制自我意識的無限蔓延，刻意將自我意識投射到一個理想主義的台灣主體意識中，並發展出獨特的抗拒風格。藉著對自我刻意的貶抑與對台灣主體悲情的營造，他又發展出了一種迂迴的政策戰術。而陳水扁則傾向於屬於權威人格，他企盼明確的評價標準而不可得，在焦慮之中

失去了對自我行為規範的一致性，將外界對政策的挑戰視
為對他個人領導地位的抗拒，從而排除了長遠政策目標或
哲學立場的孕育。

　　第五章處理本土化與中華文化復興兩個對立的政治文化
運動，將他們之間看似不可調和的立場，藉由中山思想中鮮
為人知的文化發展方法學，加以重新詮釋，賦予兩個運動各
自不同的意義。中山思想隱含的一種知識論，就是將個體與
群體的關係做了開放性的處理，一方面規定小我不能脫離大
我而存在，但另一方面又將大我對小我的意義，交由小我的
生活實踐來決定，從而避開了大我對小我的封閉與壓迫問
題。本章最後故意回到一個關於專業精神的陳腔濫調，藉由
對專業精神的再詮釋，來體現本土文化發展可能具備的開創
性。本章原作於十年之前，經修正後特意納入本書以為對
照，具有承先啟後的目的。

　　第六章引介了詮釋學對政治文化的應用，即借用Der
Derian提出的「非外交」，將異化與反異化的觀點提到研究議
程上來，即外交談判所揭露的相互異化的位置，與中國文化
所假設的無私無我的人格相牴觸。在中國文化下，領導人的
談判立場既然是無私的，便應該包括了對方人民的利益，姑
且可以稱之為「非談判」。其結果，無私與相互異化兩個要

求難以共融。兩岸關係作為一個兩岸政府建立其百姓自我身分想像的主要場域，致使兩岸的接觸不得不反映各自的想像。由於不能在接觸當中得到滿足，無私的論述遭到揭穿，談判中的我質暴露出來，因此接觸變成是一種挑戰自我想像的活動，乃有了自我異化的危機。

政治文化指的是人們對政治現象一種理所當然的價值判斷與情感取向，政治人格則是在政治事務中紓解壓力與投射自我的需要。當代政治學不能引領我們體會與西方假想不同的文化與人格，使得我們對於自己的理解出現盲點與困惑。這表示西方的政治學已經成為我們文化與人格形成的內在因素，而不是外於我們的文化與人格。本書所揭舉的政治文化與人格，正是受到固有文化傳統、現代化文明價值、後殖民歷史脈絡所共同編織而生成、變幻、循環、紛雜。文化與人格是不能任人掌握的，但若這個道理本身能為我們好好掌握住，則政治學的研究分析，將更能貼近人心，為政治問題提供更合乎情理的解決方案。

感謝台灣大學多年來提供的研究教學環境，感謝師長們無間的關懷與提攜，感謝社會科學院包宗和院長與政治學系明居正主任的鼓勵、支持與容忍，感謝參與「政治學與文化研究」工作坊的同仁不吝切磋與賜正，感謝助理們的細心與

勤勞，感謝同學們在課堂內外的無窮創意，感謝許多學術界
的貴人無所求的默默相助，感謝社會上廣大無名讀者的愛
護，最後，更感謝揚智文化發揮良知良能，盡心盡力地為建
立本土知識主體性而奉獻。

石之瑜

目錄

第一篇　憲政文化

第一章

德治與法治——
全民政治中的本土憲政風格

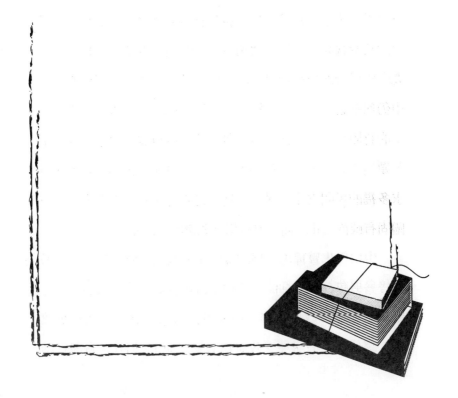

一、德治與立憲

一個制度不會憑空落實,尤其當這個制度背後的價值體系,是為人們所普遍陌生的時候,強行推動制度的結果,不但多半不能得到預期的功效,甚且會對既有的價值體系形成撞擊,因而形成一種價值真空,則無論侈言任何制度,都將無法產生規範的作用(李鴻禧,2000)。在中國,自光緒、宣統年間開始,試圖將立憲制度引入中華文化的努力,迄今難以深入人心。以清末成立各省諮議局為肇端,歷經袁世凱召開政治會議,中國大陸組織多次政治協商會議,以迄一九九○年代台北推動國是會議與國家發展會議,逾百年的摸索中仍然缺乏一頁行憲的紀錄。不能否認的是,憲政主義所要求的有限政府,與儒家傳統對天子風行草偃的道德期許,確實頗為不同;前者所奠基的公民政治參與,也和後者那種自求多福的民間文化迥異。這是不是就意味著,憲政主義與中國固有政治文化之間,沒有相互調適的可能呢?

中山先生曾提出一種間接的全民政治主張,即人民不必直接參與政務,但卻能間接約束政府施政,因此人民不必在認知上先假設政府為惡,但又得到代議士在中央代行參政權,讓代議士去處理「政府為必要之惡」。另外,台灣在結

束一黨獨大的政治模式後，二十一世紀之初則曾經流行一種
全民政府的想法。這個想法與全民政治主張相同之處，是想
既讓人民對政府保有信任，又使他們能免除一般憲政主義所
期盼的那樣，背負一個積極參與，並在公共領域中大言不慚
地維護私利的責任。兩者不同之處則是，雖然全民政治理想
中的政府，仍是天下道德之象徵，但已有各種監督分權的機
制，把有德的領導角色從權力安排中脫離出來，想在制度上
防止德治與權力的混淆；而全民政府卻採取另一條道路，即
不僅鞏固政府作爲無私無我的至高道德形象，並藉以進一步
提倡應當賦予最高領導更多的施政權力，從而嘗試結合德治
與權力。

　　長久以來，研究中國政治的專家就指出，在中國文化裡
最大的權力來源不是制度，也不是武器，而是無私的道德地
位征服人心（Pye, 1985）。這種文化倘若眞的存在，對於推
動有限政府的憲政制度當然有困難，因爲不論總統制或內閣
制，其中都不存在道德權力的概念，而只是設法讓政府各部
門在人事權、政策權方面相互制衡。同樣的道理，擁有政策
權與人事權的機關一旦發動權力，往往就顯得各有立場，或
各爲其主，流於朋黨派系之攀比對峙，則不能再彰顯天下爲
公的價值，從而失去道德人心。這時政府的運作必然受到掣

肘,各種各樣的社會人情關係將穿透制度的設計。不論是主
張全民政治或倡言全民政府的人,都必須面對這樣的現象。
故以中山學說爲依歸的五權憲法就試圖分出一個不以政策、
人事爲內容的調和權,使得道德的作用既可以受到規範,又
受到利用。但在全民政府的想法中,以擴大領袖的制度權力
爲目的之全民論述,卻在利用領袖道德號召的同時,不經意
地破壞了領袖至權無私的道德形象。

　　到底是什麼樣的政治文化在遭到憲政主義的衝擊?上世
紀初的全民政治與本世紀初的全民政府作爲對憲政主義的兩
種回應有什麼差別?憲政主義透過全民政治和全民政府兩種
論述之仲介,對既有的政治文化起了什麼變遷的作用?本章
將以具體的例子,說明行憲之初的政治文化,具體觀察固有
文化與憲政主義是怎麼互動的,接著並探討五權憲法如何調
適兩者,以及全民政治的制度最後如何失敗。然後,本章也
將分析指出,全民政府的倡言不僅牴觸固有文化的期許,同
時有害憲政主義的落實。最後的反思將是,憲政主義作爲一
種國外輸入的價值,由於引導人們從制度權力的角度思考問
題,已經有效地改變了人們對政治正當性的態度,使得固有
文化對政治人物內生的教化作用,也逐漸失去規範的力量。

二、固有文化之一：忠貞與憲治

　　一九四七年底施行的「中華民國憲法」是行憲的第一部憲法，那麼行憲之初的政治文化條件如何呢？關於中國政治文化的研究頗多，多數是由價值體系與大傳統的角度來剖析（Chou, 1960; Schwartz, 1792; Wilson, 1979; Mancall, 1984; Shih, 1990），用心理學精神分析學派的也曾風行一時（Pye, 1968; Mazlish, 1968; Lifton, 1969; Solomon, 1971），然而具體地在微觀層面考察政治行為的甚少，遑論是固有文化與憲政制度互相調適的研究。以下，藉由一九四八年、一九四九年之交，沈昌煥辭新聞局長的有關資料，來說明行憲之初政治文化與立憲主義第一波交鋒中的一小環節。這一次交鋒中，沈昌煥是典型的固有文化實踐者，體現了儒家文化的精髓，值得特別注意的是，他自我期許的道德風格仍是當今政壇人物極欲表現於外的準則，在這方面，將用宋楚瑜辭台灣省長的案例作為比較。

　　沈昌煥是在十二月二十二日由蔣介石明令公布的孫科內閣新聞局長，孫科本人是由總統在十一月二十六日明令提任為行政院長（接翁文灝）。以沈昌煥追隨蔣介石多年，此一任命當係蔣所屬意，但程序上是由行政院長延攬。沈本人對

此一任命事先並不知情，當時他擔任外交部禮賓司長，正在上海放探親假，是當日看到晚報後才知道這一項任命。他趕回政府後，第一個接見他的人是行政院副院長兼外交部長吳鐵城。具體的任命經過至今未透露，但既然由吳向沈親自告知任命過程，表示吳本人作為沈的直屬長官也有參與，故任命案又不必是蔣一人所全面主導。眾所周知，照憲法制度之本意，在任命過程中，總統的人事令原本只是一個象徵國家統權的機制，並非賦予總統親自介入之治權機制，但當時的政治現實卻不如是。

一九四九年一月十四日，中共發布和談八大條件。沈昌煥對這八大條件極為重視，在他一九八八年底退休離開政府時，還特別將這八大條件囑人打字存檔，它們是：

一、懲治戰犯；二、廢除憲法；三、廢除中華民國法統；四、依民主原則改編政府軍隊；五、沒收官僚資本；六、改革土地制度；七、廢除賣國條約；八、召開沒有反動分子參加的政治協商會議，成立民主聯合政府，接收南京政府及其所屬政府的一切權力（見附件一）。

一月二十一日蔣介石宣布引退，行前接見黨政首長，並

特別指示沈要奉公守法，一切按照大道理做事。一月二十三日，沈向孫與吳兩人請辭，二十四日不待獲准，就逕行離京表達堅辭之意，並立刻發電向蔣報告，以「表示堅決以求貫徹一生效忠鈞座之赤忱而保持昌煥政治之立場謹電報告伏乞明察」（見附件二）。

當沈向吳鐵城辭職時，吳對他指示：「你代政府發言，並非表示你個人立場。」沈回答說，個人不可以沒有立場。沈的立場是什麼呢？當時李宗仁代總統，使他個人秘書甘介侯為他的代言人，甘告訴中外記者李已經繼任，眾人驅問沈，但沈對此仍有所保留，只告訴記者蔣暫時離京，因為「憲法上總統無『辭職之規定』」，所以李只是代總統。但李宗仁又透露可能會接受上述和談八條件，沈因為判斷蔣絕不可能接受這些條件，所以立即辭職。沈見完吳鐵城後，又往見孫科，交以書面辭呈，孫大為不悅，告訴沈，「你不必與蔣總統共進退。」（見附件一）但沈把辭呈留下後表示將即日離京，並請院長原諒。

沈是為立場辭職，還是因為對蔣一片忠貞而辭呢？在他發給蔣的電文中可以看出端倪：

昌煥才力短淺猥蒙逾格拔擢知遇之隆曠古未有受任

新聞局以來原思竭盡魯鈍以報宏恩此次鈞座引退後
曾作兩日撐持照料局中同仁安全撤退竊思目前政局
多變而所居職位為政府發言倘有一言一語不符鈞座
政策影響鈞座德威者職萬死不為……（見附件二）

他又發電給孫、吳兩位長官言謝，但仍稱所追隨者為蔣
則無可疑：

此次遇蒙獎拔列席鈞閣感奮之餘本當竭盡（棉）薄
用答知遇不意總統引退環境頓異雖欲效法鈞座勉力
支持乃新聞發布動觀政策昌煥追隨總統多年於其 漢
劃 粗 識 梗 概 遽遭變更莫知所從……（見附件三）

這後一封電文是二月六日發的，而前一封給蔣的電文則
是一月二十六日請上海市發給蔣經國等不同的四個人轉呈。
[1] 二月三日，沈收到蔣回電，囑他勿為現狀所沮喪（見附件
四），而有六日之電行政院。

依照憲法，沈是對孫、吳兩位院長負責，他們的確對沈
的辭職不以為然（尤其當年孫科明確支持張君勱的設計，要
讓總統對行政院長的任命由立法院同意才可獲任命），但不
以為然的理由，卻與沈堅辭的理由有共通之處。孫、吳以為

沈不必有自己的立場，與內閣同步即可，這與沈認為自己的立場應與蔣一致的想法，從責任的角度來看都是屬於德治的範疇，即廟堂人物應該對人我關係忠誠，而不是對政策立場斤斤計較。沈的堅辭證實他所效忠的對象是蔣而不是孫或吳。將自己的立場與蔣的進退相聯繫，在沈的位置上看，這可說是一種絕對無我的表現，這明白地和憲政主義所假設的自利的人並不相同。[2] 沈昌煥的辭職事件透露了行憲初期的政治文化，這個文化至今仍制約著政治人物的言行，雖然這個制約已經不完全是內生的，而是外鑠的，但依舊影響了憲政的實踐風格。

三、固有文化之二：天下與憲制

大約過了四十年，台灣省長宋楚瑜為了抗議朝野政黨聯手虛化省級政府，在一九九七年向行政院提出辭呈，其過程中的一些推論仍反映了四十年前的邏輯。[3] 宋當然是以省民及省府員工代表的身分發言，以符合他是一個無我的人的道德期待。他以「一士諤諤」自許要發揚台灣人民「頂天立地」的風格。[4] 辭職的行動加上無我的理由是有號召力的，千百民眾前往慰留的情況強化了上下相期的道德論述。宋楚瑜在行政院的連戰院長與李登輝總統的慰留聲中，破天荒的以介

之推自喻。[5] 介之推爲晉人，護主逃離途中曾割股饋主，但在主上取得江山後退隱不就，引起其主晉文公的不悅，燒山逼之，介之推竟然抱樹焦死。這裡宋的自況與沈昌煥的辭職出現了一個共通點，即宋也表示自己有一個效忠的對象，這無異就是李登輝。

宋與沈有一個很大的不同，這點將與爾後的討論有關。觀察沈對蔣的忠貞歷久彌堅，至一九八八年沈辭國安會秘書長時，都始終在維護蔣的政策立場，[6] 而蔣當時早已過世近十五年。但宋對李的忠貞態度則受情境制約至爲明顯，致宋對李的忠貞表現始於蔣經國總統的逝世，終於二〇〇〇年的總統大選，歷時十二年，與李的任期一致。也就是說，宋的忠貞是他期待人民對他的觀察依據所在，[7] 則他與最高領導人之間表現出忠誠關係，就變得對政治形象至爲關鍵。假如李本人不是一個道德至上的領導人，對宋就造成困擾。面臨虛省的壓力，宋只能在體制外訴求支持，既然對象是一般民眾，則他必須小心翼翼處理固有文化下的道德期待，故得在李的無私無我與對李的忠貞不貳兩個道德標準上，同時接受檢證。這時忠貞的意義出現了轉變，因爲宋不願意追隨李的虛省政策，當然就不是像沈那樣終生放棄自己的立場，不計毀譽來追隨蔣，而是一個政治論述位置的理性選擇（憲政主

義在其中起了作用，最後再敘。）

　　顯然在宋的認知中，行憲以來的政治文化並沒有取代固有的儒家價值體系，所以他才會謹言慎行處理與李的關係。這個固有價值體系分成兩方面來規範憲政運作，第一是廟堂人物彼此之間的忠誠義務關係，如沈昌煥對蔣介石的忠貞不渝；第二是廟堂人物對人民大眾的道德號召，與相應而來所要滿足的道德期盼，如宋楚瑜與省民之間表達的所謂無私無我的立場。這兩類規範分別由內與由外來制衡政治人物的心性，前者關乎君臣大義，乃是經由內生的價值體系來體現，故其形成仰賴自幼的的教育，經過不斷地頌讀聖賢書，觀摩社會耆宿的範例，吸收文學與生活中的價值論述，與通過包括文官測驗的各種大小考試。後者面向民眾，則是經由國家大典，禮儀祭祠散發莊嚴肅穆的廟堂氣氛來維繫，以達到君子無所爭，無為方可治的境界。

　　然而，憲政所要追求的是權責分明、權責相符的法治精神，其前提是人民不信任政府，所以要假手制度的設計，來防止政府為惡。這樣的政府是一個必須受到嚴格監督的對象，所以從政府的產生、組成、運作、更替都應當由人民直間或間接參與來決定。在政府結構上，不同的設計如中央與地方（或聯邦）之間，政府各部門之間，各政黨之間，國會

各院之間都存在著各自不同程度的相互制約，其目的不外乎是防止政府中有壟斷權力的機制出現。假如角色中人彼此間存有絕對的忠貞關係，或假如人民景仰廟堂人物而責難那些執意行使制衡權力的人，則有限政府的理想當然就流於空洞。唯有明乎國人在行憲時所浸淫的文化背景，方能有助於對憲政主義的主張與實踐做出適當的評價。

四、全民政治作為回應

從中山先生對固有文化的重視，以及五權憲法起草人張君勱身為新儒家來看，說五權憲法所設計的憲政制度容納了中國人的固有文化，實在理所當然，以致於五權制並沒有照搬西洋諸國的典章條文，其中既沒有行政、立法、司法三權分立制衡的總統制特色，而更重視總統的統權與調和權；也無行政與立法合一的內閣制特色，而更強調人事上的穩定；又無總統與首相權力依兩人黨屬而決定的雙軌制或換軌制特色，而規定行政院為最高行政機關。中山先生雖然主張全民政治，而且要讓四萬萬人作皇帝，但卻深知人民直接行使政權的文化準備不足，他故而亟思在人民和國家之間找橋樑。在社會上，這個橋樑就是他稱為中國好傳統的宗族團體；在政治上，一九二三年之後他具體指出這個橋樑就是國民大

會。他希望國民大會代表人民，像瑞士小國的人民那樣行使直接民權，這個直接民權的構想，將五權憲法解放於以制衡為出發點的憲政設計外，並形成所謂五權相維，互不隸屬的結構。

在西洋的憲政結構中，人事權與政策權是不分開的，故總統制讓各部門在人事上獨立自主，就等於是讓它們能在政策上彼此制衡的保障；而內閣制在人事上的一條鞭，則是用來確立國會的至高地位。畢竟，憲政主義的思想基礎是自由主義，而自由主義傳統又與新教倫理不能分開，故在西洋諸國，人們都假設政治人物對政策有立場，且必須為了這個政策立場負政治責任，所以對人事去留的決定也就反映了對政策的支持與否。換言之，人們對政治人物的內在一致性、個人主體性都先認定其存在，則人事權與政策權在概念上不加區分的作法，等於鞏固了自由主義者對人性的假設。尤其是在內閣制之下，人對政策負責的方式就是辭職、倒閣等；即使是在三權分立的總統制之下，像大法官的政策理念極受重視，乃關乎他的人事提名；又保護法官獨立判案的設計就是終身職制度，使法官不會為了五斗米折腰；另外，立法兼有監察，而對總統人事有決定權。但在講求人情關係的中國社會裡，這種人事與政策合一的假設是違反常情的，因為人事

乃涉及政治人物之間的朋黨隸屬關係，政策則關乎面對天下的君民關係。

　　國民大會做為全民政治的關鍵，恰恰是因為這個設計把人事權和政策權分開了。在固有文化重視道德與關係的背景裡，政治人物遂行鬥爭最主要的手段，就是摧毀政敵的道德觀瞻，致政策辯論徒淪為鬥爭的場域而已。在西洋諸國，反對黨的目的主要是在證明政策有錯，次要才是其人不德；在中國政治文化裡，主要是要證明政敵有私心，而不是政策有失誤。故中國政治人物在政策上反反覆覆不必引起不安，只要他們能表現成無私的、為庶民著想的模樣，但在敵我關係上或朋黨隸屬上反反覆覆，就會令人側目髮指。國民大會的存在，可讓政府的人事權分成多個體系，使人事權與政策權之間的絕對關係分開，其中用了好幾種手段，防止有政策權的機構之間，出現人事上的傾軋，應當說是極為用心地照顧到了固有文化的特色。

　　首先，國民大會與總統形成一個封閉的人事體系，因為總統由國民大會直接選舉之外，國民大會不介入任何其他的人事決策，而且由於總統本身沒有政策權，國民大會自然不會為了總統政策立場的不同，而進行人事杯葛。故總統沒有政策權與國大只有總統人事權這兩點，共同保障了統權機關

的穩定。這個穩定性提供了總統一個解決憲政危機的超然立場，也符合了固有文化中有關無為而治的理想，所以總統不可能純粹是英國內閣制中的虛位者。在這方面，五權憲法非常具體地賦予了總統調和五院的權力。調和權的發明更將西洋憲政制度的本土化向前邁進，在針對行政與立法爭議中，還有更具體的覆議核可權。五權憲法具體用了「核可」兩字，等於明確地賦予總統介入的義務。

在固有文化下的全民政治概念裡，人民應該關心政府有沒有德更甚於它有沒有能，所以行政與立法之間出現爭議，當然不宜逕行以人事更迭來解決，影響政府的道德威信，也不容許兩院藉人事傾軋來遂行政爭，故五權憲法中的行政院不能解散立法院，立法院也不能片面決定倒閣，則它們之間倘有爭議，自然必須仰賴最高道德者的調和，這是為什麼覆議核可權是解決僵局的關鍵，也是為什麼必須維護總統的超然地位，且不能賦予他政策權和人事權的理由，否則他在行使調和權的時候，本身即淪為爭議的一方，就會缺乏進行調和的道德號召力。當總統在提名行政院長時，必須得到立法院的同意，使總統免於為行政院長人選妥適與否負責任。作為統權，總統永遠只是穩定的象徵，而這個象徵受到國民大會所代表的全民政治的保護。

　　總統另外提名司法與考試兩院，由監察院同意任命，同前述之理，總統的提名只是統權的象徵。這三個大院均非主要政策權之所在，其中司法權屬於調和權的一部分，強調要能中立於行政與立法之外，並享有道德清譽，由總統和監察院這兩個沒有政策權的間接民權機關共同完成此項任命，自然具有聲望。至於考試與監察才是五權憲法裡的人事權機關所在。監察職司風紀，但為避免其行徑過於政治化，有關行政與立法爭議的決定仍由司法做最後裁決，若涉及總統，則由國大決定。監察權這種看似制衡的設計，卻又是與政策權分開的系統，故其本身亦應由民選產生。考試與監察從西方的行政與立法兩權中分開，實則象徵了五權憲法的精髓，除由考試與監察兩院行使人事權力之外，行政與立法兩院不能在人事上堅持己見，從而保障了政策權最起碼的專業條件。由於人事權與政策權的分開，五權之間就不是相互制衡的機關，而變成相互維繫的關係，則西洋憲政的性惡論就滲入了固有文化的性善論。

　　政策、人事、調和三權分工與五權分立，兩者皆是反映了固有文化的制度設計。與其他制度相比的話，五權制保護了總統的道德高權，不像總統制與雙首長制下的元首，無所不在地介入政治，成為全國恩怨之所聚與政治分贓的基地，

也是國會議員合縱連橫所拉攏或抗拒的主要對象，則代表國家統權的道德號召力低落。猶有甚者，兩個制度在另兩方面與固有文化相忤逆，一是無法滿足人們對元首的道德期盼，任之墮落成政治角力與分贓的一方；二是不能真正制衡，因為忠於元首的社會人情脈絡超越了行政與立法部門，效忠關係穿透了分立的行政、立法、司法三權，有制衡權力的人不會對主上發動制衡。

　　五權制從制度上免除了總統成為政爭的中心，有了國大的支持，他的地位不需要靠政治擁蔓的錦簇；他也不需要急著保護他的人脈，因為他們不必擔心人事鬥爭；他更不能靠發動另一波人事鬥爭保護支持他的政客，畢竟考試、監察的人事不由他。於是，在立法對行政監督的關係上，即使總統自己的人脈陷於政爭中，最起碼的政治穩定依舊可以維繫。重點是，人事權本非五權制政爭之所在。換言之，五權制對強人政治的形成殊為不利，當總統意欲透過五權制來遂行意旨時，往往要利用體制之外的動員，但他缺乏道德號召。萬一是總統自己權力薰心，他確實是有得天獨厚的道德地位，他可以另立如政治會議、動員戡亂體制、戒嚴體制、國是會議、國家發展會議等憲外機構，裹脅體制內的決策。即令如此，體制內的自己人仍須經由一定程序來完成決策，並不是

靠人事的傾軋來進行決策，或當人事傾軋仍然發生時，也不是發生在五權之間的折衝過程裡。

這或許就是五權體制的缺點，即不能規範體制之外的權力衝突，因為這種人事上的衝突在五權體制中沒有出路。不過，也因為不涉及政治人事傾軋，五權體制的本身得以在這種動亂中，起些許穩定人心的作用。簡言之，五權制尊重固有文化中的德治理想：一方面將統權與治權分開，保護總統的道德信用；另一方面，將道德權力與政策權力分開，使道德權力雖成為人事穩定的基礎，卻又不敢恣意為惡（以免損及道德信用），可以說是對道德權力的一種制衡。五權制等於承認，在固有文化下，人們對於道德權力是難以抗拒的，但也讓領袖人物面臨一個抉擇，即要道德權就不能要政策權（李念祖，2000），若企圖以道德權來爭奪政策權，不論是循修憲或下條子的途徑，都會讓他失去道德信用。如果領袖不甘於此而想兩者得兼，只能期盼忠貞的隸屬自動為他的政策盡心推動，而不便親自涉入決策，故蔣介石有沈昌煥，李登輝有宋楚瑜，陳水扁有唐飛。沈、宋、唐三人的能力與忠貞程度的高低，影響了總統親自出馬的需要，也影響了他們在位時各自的道德信用。

五、全民政治的失敗

　　九〇年代以來的各次修憲，已經不再保留五權體制，這使得符合固有文化的所有機制均已遭修除。比如現今總統可以不經立院同意任命閣揆，使元首直接經由人事權的獲得來干預政策權；比如賦予總統主持國家安全大政方針之權，也是將總統捲入複雜的利益分贓與動搖人心的國家認同問題，則總統的統權功能弱化；又如國民大會遭到廢除，總統改為直接民選，並且監察、考試、司法三院人事均由總統提名，立法院同意，使得總統的統權與立法的治權變成密切互動的平行機關，總統從事調和的道德信用蕩然無存。早先修憲幅度尚有限，只是將監察委員的選舉廢除，原監院的人事同意權交國大行使，致國大從統權機關成為治權機關，就藉人事權恣意要脅好處，引起民怨，才又使國大本身的正當性受質疑。俟進一步將總統擴權與國大廢會之後，造成爾後道德人心之動盪在所難免。

　　全民政治的理想是透過間接民權的設計，免於百姓假設政府為惡，免於統權捲入人事或政策鬥爭，也免於治權機關藉人事制衡釀成人心不安，故相當程度地反映了固有文化中對元首的道德期許，也規範了社會人情與上下忠誠關係，使

不致於直接干預政府的穩定。甚至,這種固有文化還有助於五權制的運作:它使得忠貞的政黨黨員或朋系隸屬在政策立場上有所依循;使得政策上的立場迴異不必等於憲政的僵局;使得接受總統調和後之立場調適顯得合情合理;使得政治人物對主上忠誠的道德得以保留;使得政治鬥爭主要場合被摒棄在憲政體制以外的領域進行,從而維繫了制度本身的穩定性。五權體制和固有文化本是相輔相成的,對強人政治是牽制而且有所規範的,但其隕落的宿命則是外在的歷史因素促成的。

國民黨政府遷台以來,為鞏固統治正當性而堅持反共國策,於是導致大陸選舉產生的國會不能改選,以昭告反攻大陸之決心。此一國會延續至一九九○年時竟超過了四十年,在台灣已然失去正當性。國民大會機制的鬆動,連帶影響全民政治理想的實踐,故國大的正當性竟然倒掛在兩蔣的道德信用上。一旦兩蔣仙逝,國民大會立成眾矢之的,五權體制的信用隨之喪失。加以台灣獨立的訴求在冷戰結束後崛起,適逢強人夭折,則分離主義的最主要象徵活動,就是要將來自中國大陸的憲法更換,國民大會淪為最便宜的代罪羔羊,五權制乃遭池魚之殃。由於兩位蔣總統並不是在五權制正常運作的架構下統治,則對於五權制的修改就不是源自五權制

本身的問題，而是源自要出頭的本土政治認同。李登輝說：

> 長久以來，台灣人民都無法擁有屬於自己的政治。
> 因此，「自主」應該是台灣民主化所應致力實現的
> 目標。今天，台灣的民主化已經完全成功了嗎？其
> 實並不然。事實上，若目前的統治結構依然存在，
> 甚至操縱傳媒、輿論與教育。對民主化的推動，形
> 成了極大的阻礙……
>
> 多年來，台灣人民一直為外來政權所支配。直到我
> 們逐步推動民主化，才使台灣人民真正成為國的主
> 人（李登輝，2001：2）。

如前所述，總統的大幅擴權也在這個背景下推動。過
去，兩位蔣總統的權力主要來自黨、軍，足與五權制的監督
相抗衡而有餘，再加上冷戰氣氛的籠罩，戡亂體制所支撐的
萬年國會也全力擁戴，造成元首本身道德權力的極大化。在
本土領袖取而代之的過程中，既然無法在黨、軍中立即取得
實權，則由五權制的修正著手，透過法律條文的硬性改寫，
賦予總統各種人事權與政策權，[8] 既可轉換原本憲法的中國
認同，又可取得制度上的權力以補軍權之不足，就成為兩全
其美的選擇。但倘若沒有黨、軍的權力在手，推動修憲談何

容易？故本土化作爲一項訴諸全民的道德理念，就成爲李登輝獲致道德權力的重要論述策略，以補黨、軍權力之不足。李總統回顧他任內的修憲時特別提到，民主化的目的就是本土化，而本土化的指標在於本土領袖的權力高於過去的外來政權。他說：

> 長期以來，台灣一直受「外來政權」所支配。因此，台灣人民毫無自主性可言。對此問題，我早有所感，也決心要加以解決。我希望民主制度在台灣扎根發展，讓台灣人民眞正成爲國家的主人，可以自由成爲國家的領導人，決定台灣未來的發展方向，這是我從政以來不斷努力的目標。
>
> 然而，在台灣社會中，仍然存在著「外來政權」的強大權力結構，妨礙了民主化與本土化的推動。因此，必須憑藉著強而有力的領導，以及廣大的民意支持，才能突破舊勢力的羈絆（李登輝，2000：2）。

五權制的施行不順，是受歷史條件所限，它的隕落，則又是政治現實所促成。不過，固有文化中對政府的道德期盼，以及政治人物對自己道德角色的拿捏，卻不可能因爲修

憲的發動，也就隨之改變。五權制的摧毀代表德治領袖的不可得，這種損失是固有文化中所難以承受的，因為人們不能相信，自己的領袖是受權力這種謀私營利的概念所規範。為了彌補道德信用在權力政治下的隕落，李登輝用了本土化作號召，來呈現自己的無私。[9] 但這個策略面臨三個瓶頸。第一，政治道德的維繫要靠垂拱教化，而不能依附於特定政策，故隨著本土化與分離主義的勢力上漲，本土化作為道德號召的功能就下降。第二，本土化過程中慘烈的政治鬥爭主要透過人事傾軋，因此有違無私無我的期待。第三，本土化的具體目標是賦予本土總統大量制度權力，不僅總統本人的修憲立場一再經由媒體討論，並且在擴權成功後，自然就造成他失去政治上中立的地位。

其結果，全民政府與全民總統的說辭應運而生。二〇〇〇年選出的新任總統陳水扁，是第一個在憲政體制完全改制之後選出的總統，是第一個由在野黨推出當選的總統，也是遷台以來第一個少數總統。他當選以後，主導了內閣的人事任命權，在各項政策意見上都有鉅細靡遺的發言。但由於在國會沒有多數黨的地位，也不同意與多數黨協商內閣人事，更反對與多數黨組成聯合內閣，以致於李登輝總統在制度上所爭得的權力，在交給陳總統之後猶顯不足。陳總統抱怨自

己沒有直接行政的權力，而必須透過行政院。[10] 因爲總統不能直接下條子給部長，所以雖然他搭乘勝選之勢主導了內閣人事，卻不能發揮。而唐飛不能對總統的人馬下條子，因爲他不是閣員忠貞的對象。其結果，閣員之間缺乏統一的指揮協調，暴露了五權體制遭拆解之後，人事權與政策權糾葛難分的困境。他因而提出了「全民政府」的概念爲號召，並放棄自己在所屬黨內的職務，表明要作全民總統的立場，如此他可以藉由天下爲公的形象爲自己贏取道德權力，[11] 並藉以要求進一步往總統制方向修憲。

六、全民政府作爲回應

全民政府與全民總統的說法不是制度性的，而是屬於文化道德的範疇，是在對少數總統與總統歸屬少數政黨這兩點回應，也就是以跨越黨派的內閣人事組合，來彰顯少數政府不是少數政府而是全民政府的態度。換言之，全民政府的提法是一種意願，是陳水扁認識到自己當選票數不足百分之四十而採行的定位方式。這裡當然反映了固有文化對元首的道德期許，具體地說就是，陳水扁所代表的不應只是少數人的利益，他必須超越局部利益，而成爲全民代表。這個立場，讓陳水扁在許多政策議題上，都失去了發言的位置，畢竟所

有政策都有爭議，假如自己的政策立場發言次數過多的話，就不可能是全民總統。他自己就強調：

> 「全民政府」的精神在於「政府是為人民而存在的」，人民是國家的主人和股東，政府的施政必須以多數民意為依歸。人民的利益絕對高於政黨的利益和個人的利益。
>
> 阿扁永遠以身為民主進步黨的黨員為榮，但是從宣誓就職的這一刻開始，個人將以全部的心力作好「全民總統」的角色。正如同全民新政府的組成，我們用人唯才、不分族群、不分性別、不分黨派，未來的各項措施也都必須以全民的福祉為目標（陳水扁，2000：2）。

問題是，除了本人的性向之外，更有憲法以及選舉兩個因素，也推波助瀾幫陳水扁出面主導政策。根據二○○○年五月版的憲法，總統不只是統權機關，更是治權機關，且是同黨黨員在各項選舉中的超級助選員。但是，既然新政府在國會中的支持不超過半數，則其政策受到掣肘也就理所當然，如果陳水扁要介入這些爭議，他就失去超然地位。作為反對黨的精神領袖，他又不得不對國會的杯葛有所指責，比

如，他指責國會的杯葛會造成朝野同歸於盡，[12] 他也挑戰
國會多數黨來對他任命的內閣行使倒閣權。[13] 新政府因而
夾雜在兩種論述之間：一是代表全民的無私無我立場，另一
是與立法相互制衡的行政首長位置。這兩個論述在道德人性
的假設上是矛盾的，除非新政府能夠把立法院描繪成是在野
黨自私自利奪權之場合，而這也的確是陳水扁的論述策略，
故他批評國會多數黨是不肯接受大選失敗，才進行故意的立
法杯葛。[14] 然而這樣的批評，也將他自己捲入國民黨的批
評對象中，超然與全民兩個訴求，就同時遭到挑戰。

陳水扁在辯論自己的立場時，回到了制度性的語言，認
為舊的國會不應該干預新選總統任命閣揆的權力。[15] 他認
為國民黨主席連戰要求依照雙首長制組閣，充其量是個權力
分配的權宜之計，會造成社會不安。他自信既然已延請國民
黨籍的唐飛組閣，就已經信守了「全民政府」的承諾，故希
望國民黨扮演好在野黨的角色。姑不論相對較舊的國會可不
可以對閣揆人選置喙，也不論對國會多數黨是不是可以逕以
在野黨稱之（畢竟這些都預設了總統制的制度理性），重要
的是，陳水扁將人事權當成了論述的重點，完全反映了固有
文化中重人脈的傾向；[16] 而他所提議的，要在野黨來倒
閣，更是登高在人事問題上來接受挑戰。果然，國民黨的反

駁集中在總統身上，指責他不顧政治穩定，竟鼓勵在野黨倒閣。[17] 重點也不在國民黨反駁的對不對，而是在行政與立法的僵持下，總統不但無法調和，而且在制度的鼓勵之下，把僵局看成了對自己人事權與政策權的挑戰。假如總統因此一馬當先推動修憲，他的道德信用將進一步因他的爭權行為與掌握權力被削弱。

陳水扁接受了憲政主義的語言，在一波波批評在野黨的言談中，他說出自己的憲政理念，包括政黨之間的良性競爭，獨立的司法，公正的文官，監督制衡，行政與立法之間的理性溝通……等。[18] 然而，這些理念之中不僅沒有全民政府的邏輯，甚至還可能與全民政府的訴求相牴觸。全民是個道德訴求，要人民接受政府的無私無我；但制衡則是個憲政主義訴求，要人民對政府要保持戒心，不可太過信任；而司法獨立的概念更是反映了對政府道德的否定。這個基於不信任的憲政理念，和陳水扁以全民總統的自我期許，從而使得反對他的任何行動不得不蒙上不道德的色彩，兩者之間是相悖的。尤其他與李總統一樣對於修憲議題有興趣，且自己的權力大小恰是主要的修憲標的，致使統權機關陷入爭權活動。

在國民黨對全民政府的質疑之中，人們最關心莫過於人

際之間的上下忠誠隸屬關係，質言之，即新任閣揆對於內閣人事權有多大裁量，他的閣員有多少是他自己的人脈，有多少陳水扁的人脈。這個對人脈的關心，和對全民政府的倡言雖然針鋒相對，但所根據的文化基礎是一樣的，那就是人事權成爲焦點。全民政府用自己放棄完整的人事權，任命在野黨的唐飛來組閣證成內閣的全民性質，而批評者用唐飛完全沒有人事權揭露政府是陳水扁個人所御用。同時，反對者也同時批評國民黨籍的閣員，認爲他們缺乏政治道德，不應該背離自己的黨參與全民內閣。[19] 政壇退休耆老王作榮特別站在唐飛的立場，表示新政府立場與唐個人立場相違，故唐實在不如歸去。[20] 唐個人立場爲何外人難斷，王作榮的推論依據還是從唐的軍人背景而來，足見當廟堂人物言行表現一旦脫離原有的人情脈絡所能理解，引起社會焦慮勢所難免。

全民政府原意是要脫離少數總統的尷尬，訴諸無私無我的道德政治，爲了達到這個目的，故拉攏了大量的前國民黨官員，這些官員中不少曾在大選中爲國民黨候選人連戰出過力，雖然當初他們的主要對手未必是陳水扁，而更可能是宋楚瑜，但他們背離連戰的行爲引起許多不安，主要就在於他們彈性的政治選擇，與固有文化之中的忠貞義務差距頗大。

所以全民政府無私無我的道德形象，必須建立在入閣閣員本
身趨炎附勢的道德隕落上。這個矛盾的結果，對唐飛內閣的
信用造成先入為主的不利印象，而他謹慎地對年輕的總統畢
恭畢敬的回應方式，可能進一步削弱全民總統的信用。解決
之道，則是由陳總統出面邀請各黨領袖共商國是，但根本的
文化矛盾仍存在，即一方面營造跨黨派的全民總統形象，另
一方面無所不在地涉入政策制定，前者無私無我，後者則自
我強烈。

　　蓋依照憲法當前的規定，總統主持國家安全會議對國
防、外交、兩岸大政方針，有一些曖昧的決策權，唐飛乃責
成他自己的內閣閣員大陸委員會主委蔡英文，代表他作為與
國家安全會議的聯繫，主動將政策權力由行政院呈往總統
府。[21] 而陳水扁本人對於各種政策議題經常立場鮮明，包
括：掃黑、周休二日、水污染、振興傳統產業、財政劃分、
中央研究院組織、股市、五院內部組織、核能電廠等等不一
而足，明顯地不限於所謂國家安全有關大政方針的範圍。副
總統呂秀蓮不遑多讓，而兩人之間的政策爭議對統權的道德
觀瞻影響至鉅。唐飛對於這些逾越總統權限的發言並不曾表
現任何異議，更把陳水扁推向權力的中心，成為各方爭相影
響的焦點，則陳水點的一舉一動都透露政策上選邊的含意，

這時的全民總統就不可能維持超然了。相反地，唐飛內閣距離決策越加遙遠，他對陳水扁的尊重與支持類似於宋楚瑜之於李登輝，故符合上下尊卑的角色期待，可是也對於他自己的處境形成更大的壓力，且未必有利於陳水扁的道德地位。

由於陳水扁介入各項政策部分是一個憲政規範的不明確，部分是內閣的謙讓，部分是全民政府口號所引發的期待，則唐飛愈難對立法院負責，這使全民總統既有實權又不必負責，而不可避免地成為政治中心所在。更重要的，是圍繞在總統身邊的決策爭議，沒有憲法上的制度加以規範，因為憲法只規定唐飛是最高的行政機關首長，但唐飛極力表現尊重總統而不願意有自己的政策立場，[22] 又不能對國民黨的政策效忠，引起立法院與民進黨對他的道德期盼落空，因而導致人心不安。加上對總統應加以制衡的有限政府要求，又缺乏憲法上的軌道來行使，很容易就出現一種沒有固有文化忠貞義務感的強人政治，大家公然巴結、跳槽、倒戈，這當然使強人受到圈外人杯葛，故權力似增實減，而尚未能分一杯羹的同黨人也頗為躁鬱，強人成為利害的焦點，則政治道德的持續隕落與人心的持續動盪是難以避免的，這對元首道德信用的養成，殊為不利。

七、制衡觀念的檢討

可以看到，「制衡」作爲有限政府的核心概念，在移植到我國固有文化環境中之後，其意義起了偌大的變化。爲了要牽制心目中的政治對手，制衡所指涉的制度型態，在建國九十年來的憲政發展中發生了許多的延伸。以內閣制爲例，這個原本不以制衡爲原則的憲政實踐，到了近代中國的憲政史上，卻經常被理解成是一個制衡強人的工具。像民初宋教仁推動內閣制，其目的就是要牽制袁世凱，而張君勱以修正的內閣制來詮釋自己主筆寫下的五權制，所打算對付的對象當然是蔣介石。

相反地，總統制這個強調制衡的實踐，則被理解成用來擴權的手段，像袁世凱、蔣介石、李登輝、陳水扁都亟思增加總統的制度權力，這源於國人期盼身爲至高領袖的他們應該做總統，而非行政院長，人們習慣性地只著眼總統有多少權力，而非有多少對他的制衡。影響所及，在今天雙首長制相關的討論中，又流行了總統與行政院長要相互制衡的主張（蘇永欽，2000；李念祖，2000），似乎憲法學者也深受固有文化薰陶，而將總統理當有權的文化預設，作爲推論的前提。這個爲總統擴權的修憲運動始於李登輝總統時期，陳水

扁時期賡續於後。〔23〕

　　制衡之議起於洛克、孟德斯鳩的行政與立法分權，在美
國建國之後再加上司法成為三權分立。至於三權各自內部的
角色牽制或統權與治權之間的互動，是否可以擴大適用制衡
的概念來理解，應當慎重以對，不宜率爾擴延。故逕將我國
總統與行政院長之間的關係以制衡名之，恐有疑義。中山先
生又獨創考試、監察之獨立而成五權，不過，中山不以五權
為相互制衡的機關，也不強調有限政府或對權力不信任的自
由主義哲學，他乃反其道而行，更重視政府有能的萬能政府
理想，及五權相維，且以固有文化為基礎的憲政設計。

　　結果，九○年代初期的修憲主張中，就有人以要追隨三
權體制的制衡為理由，建議改五權為三權，其背後動機往往
也仍是無關乎制衡，而是要去除來自大陸的中山憲法，以彰
顯台灣獨立於中國之外的立場。〔24〕無獨有偶的是，九○年
代中期以降的修憲主張，首先重視總統權力，而非責任。
（Ling & Shih, 1998）

　　全民政府成立之後，固有文化不適應所帶來的不安，繼
續出現在關於總統權力的討論之中。反對全民政府的人就用
制衡的概念來理解行政院長與總統之間的關係，這在理論與
實踐上都行不通。在理論上，行政院長是對立法院負責的，

是國家最高行政機關；總統則調和五院，象徵國家的統權。
認爲治權與統權要相互制衡的原因，恐怕還是因爲國人咸瞭
解，眞正的道德權力在統權機關而不在治權機關，然而，總
統制與制衡理論中卻不存在有統權這個概念。結果，制衡的
對象在總統制與雙首長制之中雖然很清楚，但在我們的文化
中很模糊，因爲我們的元首沒有制度上的治權，不構成爲被
制衡的條件。

　　實踐上，道德權力是人們基於內心尊敬或社會規範而自
動奉獻的權力，要避免道德權力的濫用，不可能藉著制衡來
完成，愈是要制衡人們敬重的元首，就愈造成制衡觀念的不
得人心。故對道德權力的牽制，不是去牽制道德的最高象徵
──總統，而是牽制那些對他奉獻權力的人，而且這種牽制
不能只靠制度，也要靠道德。像沈昌煥對蔣介石的忠貞，就
是對沈的自發、內在的道德牽制，以致於他堅辭新聞局長。
而唐飛對陳水扁必恭必敬後，又在核能政策上藉逆反來保護
自己的道德形象，則是表面上執行了行政院長對總統的制
衡，但徹頭徹尾是一場道德角力，而非制度制衡。唐飛在這
場角力中所憑藉的，就是表現成對總統絕無制衡的意圖。同
理，宋楚瑜對李登輝的忠與逆之間，是道德問題，而非制度
問題。唐、宋皆不忠貞，卻表現成忠貞，這是假道德；再利

用與元首決裂來製造自己的道德信用，是不道德。國民黨慶
幸唐飛摧毀了元首的道德，則更非關制衡，而是國民黨對陳
水扁的道德鬥爭。

　　不幸的是，畢竟制衡的說法給總統這個機關要爭權的動
機，如果總統認為行政院是來對付自己的話，他就不會接受
自己沒有權力，一旦認為總統有權力，那不論國人或他自
己，也不再能相信行政院有資格擔任最高行政機關。[25] 在
憲政制度混淆的今天，不察制衡觀念的引入，會引誘總統擴
權，是因為忽略了一個制度應有其歷史文化背景，畢竟制衡
不會有一個上下古今普世皆準的定義。問題在於，美國人發
明的憲政制衡原先是對總統治權的牽制，國人將美國的歷史
背景抽離，而把制衡看成是一個普世性的抽象概念，以為可
以用在所有相互牽制的關係裡，再把這個抽象化的制衡概念
延伸套回到總統與行政院長的關係上，結果使得這個被制衡
的總統感覺自己制度權力甚為不足，他不但可能因而忘記自
己的統權乃道德高權，甚至竟可能用之來爭取制度權力，從
而兩頭落空。

　　質言之，對政府的不信任不僅是制衡的前提，而根本是
制衡概念中的要素，在我們強調領袖道德地位的固有文化中
不能照搬，制憲諸公有鑑於此而有了妥協出的調和、人事、

政策三權分立，[26] 即使今天總統可以召開國家安全會議決定大政方針，也必須由行政院來執行，執行時所負責的對象仍是立法院，不是總統。同樣地，在立法院休會期間出現危急時，總統要為緊急命令，須經行政院決議，這表示負責的是行政院，不代表行政院在對總統制衡。[27] 就算此刻硬要將行政權解釋成是由總統掌握，那行政院無疑就是權充立法機關，元首則是權充行政機關，故彼此其實暫時脫離統權與治權的關係，是處在行政與立法的制衡關係中，但憲法極不鼓勵這種狀況，且不預期它會經常發生。以例外反推通則得知，行政院長與元首之間，並非當初美國憲政的制衡觀所關注的立法與行政之制衡關係，至為明確。

　　張俊雄與游錫堃相繼就任行政院長之後，人們關注的焦點不免又是他們與陳水扁的關係。假如張、游是沈昌煥，那麼他們完全可以代替總統對立法院負政策責任。假如他們不是，他們也必須學宋楚瑜或唐飛假裝自己是忠貞的，人們也正是如此期待他們。[28] 在制度上的困境是，他們必須與立法院維持一致，而不是像美國的行政與立法那樣地相互制衡。這種在制度上和道德上形成的內在衝突，造成總統與立法院的奪權公開化，則總統一因介入過深而失其道德性，二因行政院長必須代他負責而恐怕遭犧牲，這種犧牲更增加民

間對於總統權謀任事的不安,致三敗俱傷。唯一的解決之
道,就是總統退出人事、政策的爭議,統而不治,則眞正忠
貞於元首的張俊雄或游錫堃在政策不能執行時自會辭職。

八、對憲政主義的調適

　　憲政主義和固有文化對政治人物起著不同的作用。固有
文化從兩方面產生影響,一是在情感上培養出內在的制約,
使政治人物忠於一種上下隸屬關係,一是在論述上規範著政
治人物表達立場的風格,使人必須滿足無私無我的道德期
盼。當這兩種影響同時存在的時候,固有政治文化的德政就
達到頂端。憲政主義則重視決策程序,教導人們要依照自己
的利益來參與憲政程序,制衡著其他利益立場不同的人,當
制衡的程序受到尊重,則每個人的根本利益就得到起碼的保
障。憲政主義首先對忠貞的君臣價值產生衝擊,到底是應當
制衡的人放棄制衡?還是應當忠貞的人不再忠貞?沈昌煥和
唐飛代表著兩個不同的選擇,但都引起批評。唐飛與宋楚瑜
都是選擇在論述上儘量滿足無私的道德期盼,而沈昌煥選擇
絕對的忠貞。矛盾的是,在絕對忠貞的實踐裡,沈才是眞正
的無我。唐、宋皆不是。

　　所以唐、宋又遭遇到憲政主義對道德論述的衝擊,這方

面沈根本不必在意。憲政主義要求的是制衡，但宋講的是一士諤諤的不肯接受制衡；而唐表現的則是拒絕對立院多數黨負責，也連帶拒絕去制衡總統。制衡給人一種爭權的感覺，牴觸了無私無我的道德期盼；而被制衡則好像有一種自己無德的印象，因此，很少有國人坦然面對。陳水扁用了全民政府這個高調來抗拒制衡，可是唐飛做不到，因為他知道全民政府不是他組的，所以他在論述上的地位就比不上宋楚瑜或陳水扁。然而，國會多數黨不相信全民政府，他們懷疑全民政府裡都是像沈昌煥忠於蔣介石那樣忠於陳水扁的人。

　　事實上，恐怕沈昌煥所代表的固有文化已經不存在了，否則就不會有這麼多國民黨員加入全民政府。固有文化中的情感力量雖然淡去，可是道德論述的制約力量仍舊存在。這個論述與憲政主義正在互相改造：道德期盼使政治人物想盡辦法在制衡體制之外營造道德形象；憲政主義提倡一種不要信任政治人物，而要以人事任免為制衡手段的思惟。在五權體制下，這個矛盾透過國民大會代行民權，與調和、人事、政策三種權力的分工設計加以緩和；經過多次修改後的憲法則把總統從一個道德高權降為制衡關係中平凡的一方。這就更加促使總統必須走出體制之外來累積道德形象，其目的也是要增加自己在制衡體制中不受制衡的地位。李登輝便是這

樣增加了總統的制度權力。

　　無私贏得效忠；擴權引來朋黨。陳水扁的困境是，他有了李登輝幫他創造制度高權，反而失去了道德高權，於是想制衡他的力量接踵而至，當他又要回到體制外營造全民政府的道德高權時，人們都認為他是權謀私心。他一度試圖依賴國政事務團或中央研究院的院長與院士幫他找人才，但又因此讓自己人事命令的權力受制約，猶疑之間，這些道德資源又與他漸行漸遠，使他看起來益乏道德地位。這個時候或許人們可以想起五權下的總統，不必在制衡這樣的敗俗系統裡謀生；或許也會想起沈昌煥的忠貞不渝，有一種讓人心安又信任的人脈位置。當政治人物失去忠貞，學會懷疑，而又知道自己必須表現成人民期待的一士諤諤模樣時，再給他們一個人事權上的制衡機制，那就可以揭露政治上最滑稽的矛盾現象，那就是，有道德高權的人棄德治而就權力，要去爭制度上的人事權與制度權，摧毀自己的道德形象。

註釋

[1] 即蔣經國、周宏濤、曹聖芬、夏功權。

[2] 典型的假設是人有自己的財產，根據財產的地位而有利益，爲保護利益，從而產生出限制政府權力的要求，關於這個自利的假設可參考Locke, 1965; Rawls, 1972; Buchanan, 1975; Hayek, 1982.

[3] 宋得以第一任民選省長走馬上任，得力於李登輝總統。李大力推動修憲，使省長由官派改爲民選，其中主要目的乃是要爲總統改變成直接民選的修憲主張熱身。李並全心支持宋成爲國民黨候選人，爲之助選，使高票當選。但這次朝野合作將省府虛級化的行動，也受李的全力支持。

[4] 〈宋重砲連發、語氣火爆〉，《聯合報》（1997.6.20）：2。

[5] 〈清楚自己歷史定位〉，《聯合報》（1997.1.8）：3。

[6] 西元一九八八年，與俄國關係有所突破，沈對於政府改變對蘇俄之政策未經中常會討論至爲震驚，蓋抗俄係蔣所定之國策，不屬於外交戰略之類的技術範圍，故沈手持蔣著《蘇俄在中國》以詰李，李於是准沈辭職（周玉蔻，1993：52）。

[7] 在二〇〇〇年總統大選期間，媒體對宋選戰策略中是否「尊李」極爲重視，蓋宋脫離了李所領導之國民黨與該黨候選人競爭。

[8] 「郝柏村先生於一九九〇年出任行政院長，但他仍意圖掌控軍權，

挑戰總統的統帥權。但是我仍成功地切斷郝柏村先生與軍方的關係，建立軍隊的制度化與國家化」（李登輝，2010.7.23：2）。

[9] 本土化是一種道德，成為爭權最有力的工具（黃光國，1996：40-41）。

[10] 〈心思放內政？扁：妾身千萬難〉，《聯合報》（2000.7.26）：2。

[11] 李登輝總統過去也表明，要積極幫助民進黨來發展，道理也是一樣的（李登輝，1992：73）。

[12] 〈陳總統：某些政黨流於意氣之爭〉，《聯合報》（2000.7.11）：1。

[13] 〈陳水扁：新政府受舊國會牽制〉，《聯合報》（2000.7.16）：1。

[14] 同註 [12]。

[15] 同註 [13]。

[16] 由於新人事任命多次片面由台北市調出，引起台北市長馬英九的信用問題，好像他不能享有自己部屬的忠貞追隨，陳、馬二人在這個問題尚的公開交惡，說明了人事權與道德形象的不可得兼。

[17] 〈盼政局儘速安定！國民黨：無意倒閣〉，《中國時報》（2000.7.16）：2。

[18] 同註 [13]

[19] 游月霞批評許嘉棟，其他曾因背離國民黨而遭媒體論及的例子有程建人、林中斌、吳新興等。

[20] 〈不如歸去——簡評唐院長在立法院關於一個中國的答覆〉，《聯合

報》（2000.7.6）：15。

[21]〈大陸政策改採四人協商機制：唐飛、游錫堃、魏啓林及蔡英文會
　　商後由蔡出席國安會議最後定案〉，《聯合報》（2000.6.11）：2。

[22] 民進黨秘書長因爲唐飛不主動表現出擔當而大爲憤慨，屢次批評唐
　　飛會造成民進黨在下次立法委員選舉中失敗。

[23] 當年諸多國民黨籍學界同仁疾呼要賦予總統解散國會權，與大陸、
　　外交、國防等政策決定權。但陳水扁就職後，各方支持者雖仍感覺
　　其權力不足，不過，前此主張擴權的同一批學者，卻已經改口認爲
　　民進黨的總統在濫權，從而制衡總統又成爲他們之間流行的話題。
　　而在核四問題上，民進黨在學界之擁簇一樣發生搖擺。原本案已經
　　行政院循覆議程序移請立法院覆議，顯見行政院認定核四爲重大政
　　策，業經立法院退回，故成爲不得不執行之預算。但當行政院片面
　　宣告中止是項預算執行時，這些多年來曾疾呼尊重憲政程序的同
　　仁，則改以實質正義（如政黨輪替、永續發展、立院退回覆議是三
　　分之一之少數）爲由，主張行政院對此遭覆議退回之政策仍有不予
　　執行之行政裁量權。

[24] 參與國民黨修憲小組的一位成員轉述會中意見指出，與會有代表明
　　確說出，修憲的目的就是要拿掉「孫文的憲法」，所以才要向三權
　　分立推進。

[25] 陳水扁總統在爲國政混亂而向國人道歉的演講中（2000.11.5），一

‹‹

開始就表示要對所有的問題負全部的責任。照憲法的設計，責任本歸屬於行政院，不由總統來負。但在當前以制衡總統爲主軸的憲政論述中，總統認爲自己有權力似乎是學界與國人不擬質疑的天經地義。這個權力顯然不屬於憲政權力，而只能是一種道德權力。

[26] 固然當年如果不賦予調和權以眾望出任總統的蔣介石，恐怕憲法根本不會通過。然則，五院中除行政院外皆屬合議制，故調和權的象徵性頗高。

[27] 國內憲法學者的通說似乎是，凡是須兩機關共同完成的行爲，則代表兩機關之間屬於制衡關係。如此，制衡關係應當也存在於英國女皇與內閣之間，顯然並不妥適。之所以會發生這樣的誤解，是因爲在美國憲法的制衡關係中，互不相容的職位之間就是權力制衡關係，論者不察，以內閣制與五權制下的統權與治權屬於互不相容的機關（如副署、緊急命令發布之決議、覆議核可等制度所顯示），就逕謂之制衡。

[28] 這是爲什麼在陳總統與國民黨主席會商核能發電廠案，表示願意聽取意見之後，他逕行立即宣布廢核電，輿論卻咸指陳總統缺乏誠信，而未曾絲毫想到要以張俊雄爲批評對象的文化理由。

附件一

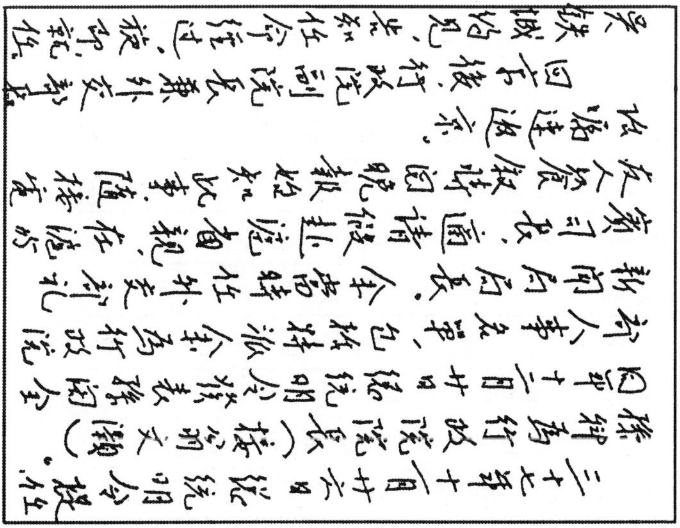

三十七年十一月廿六日總統明令提任
孫科為行政院院長（接翁文灝）。
同年十二月廿日總統明令發表孫閣全
部人事名單，包括特派余為行政院
新聞局局長。余當時任外交部禮
賓司長，適請假赴滬省親，在滬於
友人餐敘時閱晚報始知此事，隨接電
話囑速返京。
回京後，行政院副院長兼外交部長
吳鐵城約見，告知任命經過，旋即就任。

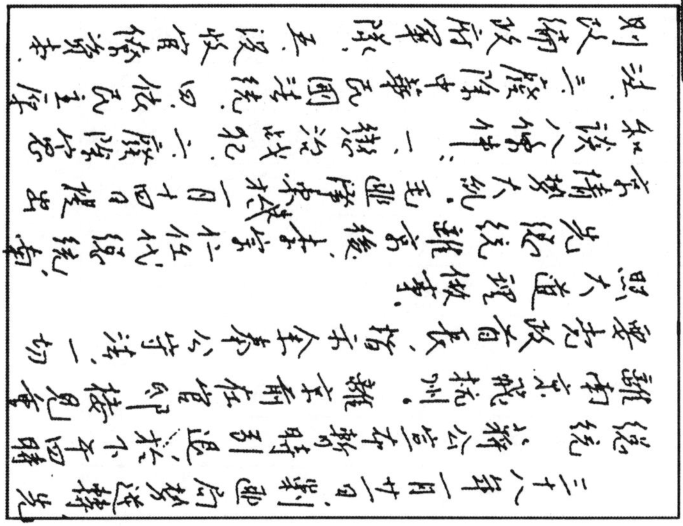

三十八年一月廿一日，剿匪局勢逆轉，先
總統　蔣公宣布暫時引退，於下午四時
離南京飛杭州。離京前在官邸接見重
要黨政首長，指示余奉公守法，一切
照大道理做事。
先總統離京後，李宗仁任代總統，南
京情勢大亂。毛匪澤東於一月十四日提出
和談八條件：一、懲治戰犯，二、廢除憲
法，三、廢除中華民國法統，四、依民主原
則改編政府軍隊，五、沒收官僚資本，

附件二

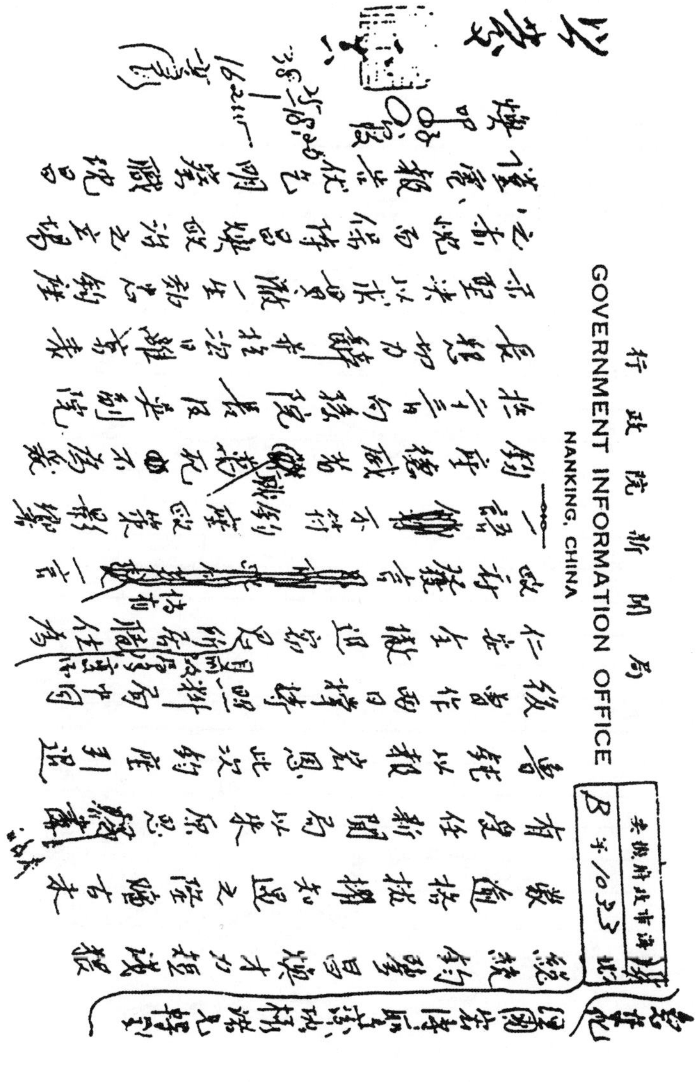

行 政 院 新 聞 局
GOVERNMENT INFORMATION OFFICE
NANKING, CHINA

附件三

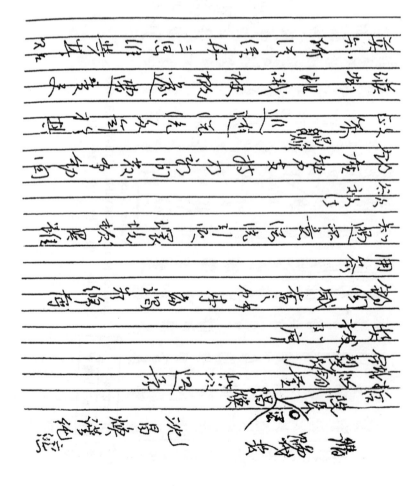

第二章

權力與權術——
儒家文化中的民選總統風格

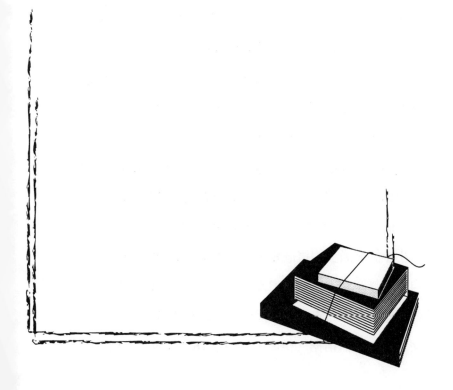

一、關於「權」的文字政治

　　蔣經國總統就任第七任中華民國總統時，總統府內懸掛的一幅對聯原本是「計利當計天下利，求名當求萬世名」，便詢以秘書長沈昌煥。渠認爲立意雖佳，但畢竟不脫「名」與「利」二字，或不無值得斟酌之處。不日該幅對聯即爲撤換，改掛「以國家興亡爲己任，置個人死生於度外」（沈大川，2001）。

　　無論求名或是計利，都必須先有一個求名或計利的主體，於是隱含了對統治者主體地位的凸出，亦即統治者是在天下之外，把天下之民當成對象，用自己的判斷，來權衡天下利何在。這個外於（甚或高於）天下的主體地位，同「萬世」與「天下」這兩個概念所要強調的無私無我，在論述上是對立的。相較於此，目前這幅一直伴隨小蔣總統經李登輝總統再到陳水扁總統的對聯中，統治者的主體乃依附於國家之下，而且這個主體的生死是無關乎緊要的。

　　小小的裝潢上的這個變化，透露出統治者的一種心態，即自己有無窮大的責任，但沒有一絲一毫個人利害考量。像蔣經國總統喜歡布衣出巡，因而親民之聲遠播。而遺孀蔣方良女士晚年生活拮据（楊索，2001.2.16：社會綜合版），引

起了社會上心安與不安兩種情感的矛盾共生，一方面人們頗感現實的淒涼，另一方面卻對小蔣總統的廉潔多所稱道。同理，李登輝總統卸任一年後復出而為台灣團結聯盟的精神領袖時，受到其他黨派批評是老而不休，他則回應以無私無我的告白，表示自己做了十二年多的總統，存款只有一百多萬（夏珍，2001.9.2：焦點新聞版）。對於上述兩位總統的廉潔告白，雖然社會上關於哪位是真與哪位是假，早有公論，但此刻的重點是，他們共同覺得，而且相信他們的人民也是這麼覺得，即作為領袖的總統，不應該有私利。也就是說，在公共場合裡說話時，作為領袖必須謹記，私利是錯的，公益才是對的。至於私下，如無私利，當然可以公諸於世，如有，自須妥為隱藏。因為有了私利就不能團結人民，無法維持天下和諧。

　　這個出發點與今天憲政主義的前提完全牴觸。憲政主義者首先要保障的是權利，故曰憲法是人民權利的保障書，人民要用憲法來限制政府權力，使政府的權力只能用來保護權利，不能用來破壞權利。憲政主義的假設是，權利才是憲政的本體（Waldron, 1984: 14-15），而權力則是工具。至於權利所講的當然是指個人的利益，不是天下的利益，而且每一個個人都是平等的（Barry, 1995: 3）。甚至，西文權利 "right"

的另解恰是「對的」或「正確的」，所隱含的意思似乎就是，追求個人利益具有天經地義的正當性。[1] 憲法的目的是要讓每個追求私利的個體，能夠有一個共通接受的正義的程序，來處理私利與私利之間的衝突。

　　既然在我國固有文化的理想中，我們的領袖沒有私利，百姓便理當心悅誠服，則百姓的利益自然就被德高望重的領袖所維繫，故而百姓就不必使知之，只要風行草偃地使由之就可以了。我國固有政治文化之思慮從來不及於權利的道理就在於此，談權利就等於影射了領袖不是無私的，或領袖與人民是對立的（Wang & Titunik, 2000: 83-84）。既然無權利概念，那又何必費神來擔心如何用權力來保障權利，以及如何防止權力的濫用會破壞權利的問題呢？於是，我們的政治文化對於限制政府權力的這種思惟邏輯，尤其陌生。所以早年碰到"right"這個字時，眞不知如何翻譯，蓋權一詞帶有「威勢」與「貨利」之負面涵義，[2] 故又或曾有謂之爲「權理」者。[3] 而「權」字又因爲與「力」連用而成「權力」，則權利（或權理）與權力之間是何關係，難以釐清。

　　總統的權力如何界定？如何規範？可說是中國近代政治史上最大的學問。在我國這麼一個沒有權力或權利概念的文化中，今天人們習以爲常企圖用「權」來既定領袖的角色職

權，並不容易。因爲文化論述不同所導致的實踐上的困境，迄今未曾有過觀念上系統的探索。本章以下不揣簡陋地咬文嚼字，並非賣弄他們專家才會愛好的修辭之學，反而是求諸於販夫走卒，盼能在最淺顯的文化層面，初探總統權力的文化論述脈絡，以爲爾後憲政主義之發展，增添一條認識困境的途徑。

二、「權」的意義探略

夫「權」者，度量之器。權字在中文最多用於「權宜」、「權衡」、「權變」、「權且」、「權充」等處，有暫時性、時空性地作出決定的意義；但也用於「權柄」、「權勢」、「權位」、「權術」等處，有因位置、身分而生的力量的意義。所以在中文裡，「權」具有高度的情境性，因爲人際關係的變化而發生轉折，而且是原本多爲動詞。「權」作爲動詞所暗示的，是在同一個問題上，會因爲在場的人之間的關係不同，做決定的人的人選、地位與考量也不同。非徒不存在一個可以永遠不變的決策主體，因此無所謂前後一致的權利的計算，也不存在一個可以通用地來規範決策過程的抽象結構。所以，某個人有沒有權利，不是個人的存在能片面、先驗地決定的。而某一個特定的社會位置有沒有權力，

也不能超越時空，不看具體情境中的實踐與人事的性質就能抽象設計的（劉軍寧，1991；Pye, 1985）。

而「權利」一詞則不同，這個詞的前提是，每個人有一個本體論上不可否定的地位，這個地位是相同的、平等的，先於任何階級地位（Kapur & Cossman, 1996: 40）。自第一次世界大戰以降，權利理論愈加重視程序正義而忽略公民倫理，以致於今天的權利的擁有者，在完全不必顧及他人的情況下考慮自己的需要，計算自己的好處，如果顧及了他人，也是在自己選擇要顧及他人的情況之下發生，要不要顧及他人是一種可以選擇做或不做的權利。權利概念不是以社會關係的存在為前提，相反的，是以既存的社會關係不應該對任何個人產生拘束為前提。所以權利一直帶有濃厚的規範涵義，是一個應然的概念，不是實然的概念。[4] 則在法律上，權利是應該被保障的，凡是被法所保障的，就是權利。「權利」的行使是以自己的需要為唯一基礎，別人或大我的好處不適用於此。[5]

至於「權力」，自然不同於權利。在現代法學觀念裡，權力是一種實際的能力，是發生在一個以上的個體之間的支配關係。所謂支配，就是影響或限制了權利的行使。既然權利是應然的、本體的，則任何對於權力的使用都發生正當性

的問題（Ely, 1980）。因此憲政主義者認為，權力的使用若也要具備正當性，就必須是以防止權利被侵害為目的。也就是說，一個人的權利行使可能受到了限制（亦即有人破壞了經過自由意志所訂的契約），這時有權力來預防、懲罰、改正這種情況，權力才算正當。這種權力就是公權力，在憲政主義裡，公權力是惡的，因為任何權力的行使必然限制了權利，但公權力又是必要的，才能防止權利受侵害。這就得出了限制公權力的邏輯，也就是有限政府的道理。

　　如果簡單地說，固有文化的「權」含有一種應變的正當性，但權的運用又不能代表有所謂常態，蓋變即為一種常態，人事景物之不斷變換或行進不息恰恰是常態。故相應於「變」的，不是常態，而是一以貫之的道理。這個道理在不斷變換的情境之中要如何貫穿，不是道理本身決定的，因為道理的內涵是常識，常識不能脫離情境，故道理怎麼擺必須由情境中的人依常識判斷（金觀濤，1997）。每個時代的常識隨著環境與科技而開展，因此道理或常識何在，自然不能抱殘守缺。能在特定情境之中掌握道理，或根據常識判斷出合情合理的行事之道，就是「權」。

　　既然「權」是在變中決定道理何在的一種正當性表現，則權的內容絕不能定義，更不能固定不變。今天的決定只是

暫時的，不能遽以為可以推翻昨天的，也不能拘束明天的。
但做決定的人的地位與其人在一般人心之中是否道德崇高，
當然影響到一次特定的「權」的表現對將來有多大的拘束，
也就是是否使未來情境之中權變的可能性降低。權變的發生
既不是權利，因為變的正當性不來自於個人所當然具有的存
在本身，何況存在本身的意義也隨著情境而應該有不同；權
變也不是權力，因為權變是對情境中的人有好處的，是解放
大家於常識之外，不是對大家產生拘束，更不是侵犯大家的
存在本身。之所以只有最高道德地位的人才能權，是因為權
的結果，恰恰是要眾人莫再拘泥於社會儀節，體現出最高道
德的人不在意自己地位的崇高受到影響，故是一種無私的表
現。

則「權」的另一個涵義，即為可以在特定情境中不受拘
束的正當性，更大的「權」的意思，就是讓更多的人不必在
特定情境中受到特定規範的拘束。在一定程度上，不受拘束
是一種「權利」的表現，但因為我國固有文化中，人可以不
受拘束的正當性來自於情境，不來自於個體的存在，故這種
不受拘束非「權利」也。另一方面，或謂不受拘束的樣子也
可以理解成是「權力」，因為並不是人人在同一個情境中都
能不受拘束，誰能不受拘束地通權達變，就似乎是擁有「權

力」。但同理，由於這種「權力」是情境賦予的，只能是用來行善的，不能用來使惡的。善惡之分在人心，不在「權」的本身。這個道理也適用於權利的觀念，所以過去講革命民權時說，反對革命的人就不給予權利，聽來很合理，講的就是人心的問題。同理，心不對的人就不能有權利，雖然這樣違反了"right"這個字的意思。[6]

此外，「權變」空間的大小受到人格的影響，一個人多麼能夠在特定情境中擺脫拘束來行善，不單純是人情規範適用的問題，同時是一個需要的問題，也是一個能動性的問題，關係到人我相處時對於其他人的親近是威脅感還是安全感，對於其他人的遭遇是同情感還是區隔感。[7] 在不同的情境裡，安全感與威脅感所創造的內生的能動性各有千秋，有時安全感可以帶動一個人在某些情境中不受拘束地權宜行事，在其他時空中權宜行事的驅動力則可能反而是來自威脅感。「權」的大小也受到文化教養的影響，因爲行善對象的時空脈絡、社會位置、人數、事情，都會對一個人擺脫拘束的能動性構成不同的發生條件。

三、權與法

在中國的政治文化裡，法的重要性遠遠不及於禮，像孔

子入大廟要每事問，但治國可以吾道一以貫之。講法的問題在於，法的規定一旦訂下來以後，就不問情境了，則治國變成是一個技術性的問題，而不是道德的問題。相對於此，禮的重要性在於能鞏固地位與道德的莊嚴性，使得有地位的人在行動的時候，有一個自在人心的公理可茲判斷評價。所以，禮變成是一個對有地位的人的牽制（李念祖，2000：1-2），一方面使百姓敬畏於有地位的人，另一方使有地位的人不需要與天下爭就可以無為而治。失去了百姓的敬畏，就失去了居於高位的的正當性，也就失去了不受拘束行善的正當性。

禮與權的相互關係是儒家教誨中的經典，也是儒家統治之術的高妙之處。[8] 權術也者，便是製造適當的情境來強化一個人的地位與道德崇高性，使得此人在通權達變的時候，不但不會因為破壞禮法而失去人們的尊敬，反而還更加擴獲人心。最有名的是縱囚論，等於是皇帝自己創造一個通權達變的情境，然後超越法的規範，形成上下交相賊的權術運用。

現代法律輸入之後，人民對於法律條文理解不了，因此要靠專家，於是公理正義就不能自在人心了。這與當初劉邦初勝時所傳頌的約法三章大大不同。照約法三章，殺人者死

傷人及盜者抵罪，原則雖然清楚明白，但顯然對於具體情境中的行為既無明確定義，又無動機、手段之類的區分。不過這不代表這些事縣太爺都不管，相反的，反而都要考慮。考慮的結果是往左或往右偏，本來就沒有一定非如何不可的道理，只要縣太爺說得過去，以他的道德地位之崇高，當然都會影響爾後社會風氣之方向。[9]

　　但看縣太爺判案，即使碰到的都是約法三章語焉不詳的案件，圍觀的縣民自有公道在人心。這個公道是偏左或偏右當然不能一概而論，也不能普天下皆準，那麼，這個縣太爺是個好縣太爺或壞縣太爺，就不是縣太爺懂不懂法律，而是懂不懂常識的問題，因此具有高度的情境性，從而百姓就可以有公論，也一定會有公論。在人同此心，心同此理的期盼之下，官與民在道德上是一體的，權勢雖然在官的手中，但「勢」所依賴的民心卻不全在官的手中。

　　假如像今天是法律主治，訟師的重要性就超過道德地位的重要性。畢竟百姓不懂繁複的法條，只知道法律使用的結果應該對我有利，但久而久之，法律只對會用法律的人有利，因此法律就變成私利的工具，無關乎道德（關於儒家文化在這方面的表現，參見Hu, 2000）。[10]法律作為一種工具的解釋也隨之局部化，依照不同的當事人，訟師應該對法律

做不同的解釋，只求對當事人有利。訟師的權變不是基於道德，而是基於私利，其中違反常識的可能性極大，以致於造成人們看輕法律，接著看輕訟師，然後看輕法官，於是看輕政府，最後看輕領袖。

假如現代法學家根據歐美的經驗，認為法律可以規定哪些官員有多大的權力，就可以限制政府為惡，恐怕就大錯特錯了。錯的不是說有權力的人會濫權，當然有了法律授予的權力後，濫權容易隨之發生，當代新制度主義者對於尋租的分析，清楚地說明了這個困境（何清漣，1998）。錯的是憲政主義者糾正濫權的方式，也就是鼓勵用三權分立或國會主權的設計來限制政府權力，對於我國固有文化來說，恐怕需要經歷幾乎難以克服的轉折。因為，我國固有文化要求人民對於權力的服膺不是因為法的規定如此，而是因為對握有權力地位的人有道德期盼，希望他們為天下善，尤其能不受法的拘束，在特定的情境中通權達變，或為自己解脫疾苦，或平反不近情理政府決策。

同樣的道理也讓身居領袖地位的人自我期許，覺得自己是為天下之善，沒有私利。對於憲政主義者要限制他們為惡，儒家文化之下的領袖們多半頗難苟同。比如，江澤民的三個代表理論把共產黨無我化，[11] 或李登輝總統的名言：

「民之所欲，長在我心」[12]，就都是在表訴這種心境，其功能不但不是在憲法的架構裡尋求妥適的位置，恰恰是在憲法的架構外，奠定不可動搖的無尙道德。這時的憲法就變成是行善的工具了，因爲元首的「權力」（或沒有權力）固然一條一條地規定在憲法裡，但元首「權」變的正當性是凌駕在元首的「權力」之上的。

　　如果眞的依照憲政主義的邏輯，憲法所沒有規定的事，政府不可以攫取爲自己的權力，只有憲法明確授權的事，政府才可以去做，那麼百姓對於領袖的期待，就可能落空。這並不表示百姓已經具體希望領袖爲他們做些什麼，因爲得不到而對憲法失望，而是單純地想到自己的領袖沒有權變的能力，就足以讓百姓對憲法的正當性產生質疑。當年爲袁世凱稱帝擴權的理由及後來爲李登輝總統及陳水扁總統擴權的理由，都是從這個角度出發的。[13]

　　假如領袖接受憲政主義的約束，自甘於無權變能力之規定，則必遭百姓輕忽，進而失其道德崇高地位。所以碰到憲政主義時，我們領袖文化的傾向是超越它。這裡出現的弔詭在於，爲了維護自己的道德地位，領袖不能接受限制權力的憲政主義，因此必須處處探測自己有沒有受權力限制，如果沒有才安心。但當領袖展現權力時，卻因爲超越憲政架構，

自然引起擴權的爭議，就又淪落為民眾在道德上會質疑的對象，因為無私的人不會去爭權。也就是說，不爭權固失道德地位，爭權仍失道德地位。剩下的唯一辦法，就是動員百姓前呼後擁，以表示是百姓自己奉上權力，不是領袖爭來的，如此既擺脫憲政主義，且維繫道德形象。

四、大有為的權

我國轉變成憲政國家的歷程，使得固有文化在沒有太多抗拒能力的情況下，必須與憲政主義的國家觀念相互辯證融合。不論是固有文化或憲政主義，他們共通期待政府的職能小而美。照中國固有的統治哲學，無為是最高的統治之術；而憲政主義初始也是以夜犬國家來期許政府。不過他們的理由是相反的，儒家的君主是德君，不與民爭利，所以應當多休養生息，少勞民傷財，所以政府之小，是一種君主的美德的表現（Glamer, 1999: 67）。憲政主義者認為政府是惡的，不能信任政府，所以就不給政府權力，因此政府之小，是一種天賦人權的實踐。

這兩種對小政府的期盼，在近代中國都落空了。因為他們都不適合當時的時空，故近代中國的政治領袖中，鮮少墨守成規談無為的，他們追求的是振興民族，一統國家。自從

戊戌變法以降，無為之說就日漸不是政治領袖的最高統治境界，理由是中國受到帝國主義的入侵，面臨亡國滅種的危機，因而仁人志士都要求急起直追，應運而生的政府概念乃是大有為政府，不再是無為政府。這時回頭看蔣經國選中的對聯就可以另有體會，照這幅對聯，領袖要以國家興亡為己任，則領袖的權力怎麼可以隨便加以限制呢？同時領袖已經置個人死生於度外，那又有什麼威脅利誘可能去限制領袖不能做這個或不能做那個呢？

大有為政府的前提是，我們的政府原本是無能的。矛盾的很，那些侵略中國而引起中國人想要師法的，就是那些號稱憲政主義的西方國家。所以洋務運動以來對西方文化的學習，到了庚子議和團事變後對西洋萬般的頂禮膜拜，從來不是建立在有限政府的設想上，而是在富國強兵的理想上[14]——清末立憲運動追求的不是有限政府；革命黨人從未提過有限政府；民初府院之爭的動機是要限制袁世凱，不是要限制政府能力。事實上，自有總統以來，國人通稱總統為「大」總統，而中山先生精研各國憲法的結論，是不能照搬有限政府的模式，他認為中國需要的是萬能政府。即使張君勱設計出了一個內閣制憲法來對付蔣介石，幾乎成功地讓蔣介石自己願意屈居為行政院長，最後卻還是因為黨人齊聲反對而作

罷。可見總統之大，大在名器，權力之高，高在德威。

　　大有為政府的思惟從此霸占了中國的政治領袖，團結與一統自清末以來從未真正實現過，民族振興的任務迄內戰迄今而不休（Fitzgerald, 1999: 47）。從北伐、抗日、內戰到今天的兩岸跨海對峙，可以說大有為政府是歷史的結果。這個結果在台灣也延續不輟，先是兩蔣的戡亂建國與光復大陸，接著是李登輝的「經營大台灣，建設新中原」，雖然兩個時期的方向迥異，前者謀求中國一統振興，後者謀求台灣獨立自主，都以北京為對抗的對象而高度重視國家動員能力，與意識形態之掌控。經過了五十年的生聚教訓，百姓只聽過大有為政府，沒有聽過無為政府。則向西方取經得來的有限政府憲法，不可能束縛大有為政府的思路（Bell, 2000: 137-8）。這個現象在社會公眾部門日趨複雜的情況下獲得強化，今天即令在憲政主義的西方，談到的小政府都已經是龐然大物，何況是大有為政府呢？

　　固有文化在這裡發揮的作用，遠遠超過於憲政主義。既然大有為政府是近代中國政治上的圭臬，如何讓有限政府的憲法運作下去呢？如何在西方（尤其是美國）期盼台灣政治民主化的壓力下調適呢？以變通、情境、道德為內容的固有「權」文化，在此提供了融合的基礎。這個根深蒂固的權文

化一方面讓有限政府的憲法繼續存在，另一方面又設計出各式各樣的臨時的、暫行的、特別的法律，賦予大有為政府限制權利的權力。在兩蔣時代轉變為李登輝時代之際，又用了憲政主義作為推翻兩蔣政治的手段，以兩蔣的非憲行為成為否定其道德性的理由，指維繫光復大陸的萬年國會違反民主憲政。但這是權變文化的表現，超越憲法之上，並非憲法所能規範者。

　　故接著，李總統也必須跳脫於有限政府架構之外，才能遂行大有為政府的治國理念，[15] 他以摩西自喻，要為歷史開端，帶動心靈改革，並在制度之外以召開全國性的國是會議與國家發展會議等手段，來鞏固他的道德領導，並因而取得不受拘束通權達變之正當性。李總統一旦超越了憲法，則憲法上對總統權力的限制，立刻失去正當性，成為修憲變革的對象，否則將使無尚道德遭到拘束而導致人心不安。[16] 繼任的陳水扁總統也力圖超越憲法的拘束，當代法學家紛紛設計出各種理論，為他超越有限政府的憲政主義，提供理論基礎。[17] 於是他在憲法完全沒有授權的情況下，召開一次又一次的體制外決策會議，似乎置行政院於不顧，卻又獲得身為憲法上最高行政機關的行政院所默認。

　　兩蔣時代的權是道德權，是因應內戰的情境所賦予最高

<<<<<<<<<<<<<<<<<<<<<<<<<<<<<<<<<<<<<<<<<<<<<<<<<<<<<<<<<<<<<<<<<<

領袖的權宜之權。李總統的權也是道德權，是刻意營建獨立
自主的建國目標而動員出來的權術之權。他們都成功地獲得
了超越憲法從事權變行爲的正當性。憲法在兩蔣時代的繼續
存在而非摧毀，與在李登輝時的修正變革而非拋棄，剛好從
反面證實了憲法是工具，領袖是道德的這種固有文化思惟。
〔18〕

　　憲法被保留是因爲它沒有不當地限制領袖的通權達變，
固然超越憲法的人未必是道德的，但道德領袖卻必須超越憲
法，則保留那個隨時可以被道德超越的憲法框架，以及那些
不能超越憲法的官員的道德卑微，無異於凸顯了領袖的無尙
道德。而領袖能夠斬獲不受拘束的正當性，是因爲他們把自
己託付給看似犧牲小我的國家興亡的任務。人們關心他們身
爲道德領袖有沒有領導國家的「權」，而不關心自己有沒有
憲法能限制他爲必要之惡的權。

五、道德權殞落

　　無爲的道德與大有爲的道德當然不同。無爲表示與天下
無所爭，所以其人必有德焉。大有爲表示積極介入天下資源
之汲取與分配、再分配，故勢必得罪無數人，且引起職位之
爭，以求得自己的資源免於被汲取，於是又得涉入人事之

爭。當領袖成為資源配置與人事鬥爭核心時，領袖失其無私之立場，成為局部利益的代表，因此斲傷了領袖的道德信用，使得自己失去了權變的正當性。這時以權術來營建無私的情境，重整領袖的道德形象，常常成為不得不然的手段。這些情境可以是比喻的，比如宋楚瑜在辭省長時以介之推自喻（Ling & Shih, 1999: 226）；可以是推論的，比如陳水扁因吳淑珍遭車禍而隱喻受迫害（康日昇、汪彗星，1997.11.18：台灣要聞版）；也可以是表演的，比如周恩來在文化大革命中如何拯救同志（宋永毅，2000）。

　　道德權殞落會引起人心不安，像李登輝總統與陳水扁總統兩人，他們介入人事與政策甚深的故事廣為傳播，風格與兩蔣時代頗為不同。論者或習於戲稱後者為宮廷政治，而道德權的維護相當程度仰賴宮廷帷幕的遮掩。兩蔣之後的政治風格丕變與人格及文化都有關係，在人格上，李總統與陳總統都有受迫害的被威脅意識，他們始終感覺自己不安全，因此需要不斷地直接動員群眾支持人事與政策決定（見第四章），相較於兩蔣對群眾的動員以儀式性的居多，故其實後者是有利於掩飾在幕後有可能以私害公的權謀運用，而前者等於將百姓捲入鬥爭，致使道術為天下裂。這就雷同於毛澤東發動人民公社與生產大躍進，繼而又以文化大革命撕裂社

會一樣的道理，造成日後大陸上人民的信任危機、信仰危機
與信心危機。也雷同於袁世凱發動公民請願團包圍國會之
舉，[19] 從而先後引發二次革命，護國軍，與黨的再改造成
爲中華革命黨。領袖用道德來爭權，屢屢造成民心不安，釀
成政局動盪。

　　李、陳兩位總統的不安全感又與文化有關，他們基於自
己的成長與歷史背景，不能認同中國，而主張台灣獨立於中
國之外，這是否適宜或許在今天是見仁見智的事，不過卻因
此而形成對自己所服膺的憲政架構的疏離。君不見，在陳總
統就職以來，軍中莒光日教學內容千篇一律是關於爲何而戰
的宣導。軍方爲維護中華民國而戰本來似乎是顯而易見的立
場，但因爲領袖對中國或中華民國的認同不強，所以誓死保
衛中華民國的國軍，並不能就此創造元首的安全感，反而讓
元首對國軍盆發疏離。於是，超越憲政架構來展現權變之氣
勢，成爲李、陳兩位總統在人格上的安全需要與文化上的自
然而然。

　　超越憲政框架的方式除了直接訴諸群眾之外，還包括由
元首另立各種決策機制，架空憲法機關，並對所謂最高行政
或立法機關，做出具有更高道德正當性的決定。時論對這種
作風的批評多以違背憲政主義視之，但接受邀請動員而積極

參與的政壇領袖所在多有，包括認為此種機制毀憲破憲莫此為甚的批評者，也共襄盛舉於其中，便可知道德權的力量有多大。不過，如果一而再，再而三地設立臨時決策機制，終將使領袖的道德權世俗化，領袖本人的政策立場不能隱藏，道德與政策不能區隔，站在各個不同政策對立面的絕大多數人，都會對於領袖的道德地位產生質疑。

　　從憲政主義的角度思考這個問題時有盲點，人們總是從權責相符的觀點出發，無形中仍然接受權力為惡的前提，而不能看到百姓所感到不安的，不是總統違背了憲政主義有限政府的精神，而是總統失去了通權達變所奠基的道德正當性。所以人們在提出解決方案時，採用的思路不外乎兩種，第一種思路是在憲法上更加嚴格地限制總統的權力，使他們沒有辦法超越（胡佛，1998；盧瑞鍾，1995；彭錦鵬，2000），內閣制的主張者咸如是。這一個方案注定失敗，袁世凱、蔣介石與李登輝的例子是明證。因為當領袖訴諸道德時，他們用的是文化上語言，尋常百姓一聽就懂，與類似有限政府這種離經叛道的舶來語相比，哪個容易讓人著迷不難判別。

　　第二種思路是，乾脆承認領袖的權力，同意將憲法向總統制方向修正或解釋（湯德宗，1997），增加總統的制度權

力,並輔佐以制衡的機制,讓他們又能有權力,又能負責
任,總統制的偏好者皆如此辯駁。他們的錯誤在於,他們多
半是假裝總統的權力是憲法賦予的,其實心知肚明領袖根本
早就是在憲法之上了(許志文,1996:16-22),所以主張靠
制度的修正替他們想辦法漂白。這種主張在李總統在位的後
半期開始,歷陳總統主政期間而不輟,等於是已經承認憲法
是工具,則要用制衡的方式來要求總統負責談何容易。憲政
主義者對此等主張難免感到哀傷,因為憲法淪為權力的工具
而非限制,但如果從固有文化的角度思量,更大的問題是,
一旦總統制將領袖更進一步、赤裸裸、直接地與人事及政策
鬥爭串連起來,百姓恐怕會因為領袖失去了道德上超越局部
利益的能力而極度不安。

最大的問題是,當國家危機發生的時候,誰是那個理所
當然可以通權達變超越憲法的能動者?領袖不再是大家信任
的,故已經動員不了群眾,而且制度上受到制衡,也難凝聚
共識。就以李總統與陳總統為例,當他們以民主之名衝垮兩
蔣政治格局時,固然所向披靡。可是一旦被認為具有堅定的
台灣獨立立場時,要再想呼風喚雨地在危機中穩定人心,為
百姓拿定主意,就不是那麼容易了。

六、「權變」憲法

　　首先要接受我國的憲法文化是歷史發展而來，憲政主義不能視為是文化改造工程，更不能假定憲政主義會隨憲法的施行而形成。憲法、憲政主義的理念、文化之間是相互影響的，而他們本源不同，所以融合起來出現的可能形態多種多樣，不能一概而論。我們目前主要關心的是，在大有為政府的思惟下，在領袖背負道德期盼的文化中，與在憲政主義有限政府的理念裡，要如何解決當前總統借用道德號召擴權，傷及道德信用，摧毀憲政主義，並導致政府機器停擺的困境。這顯然不單純是一個制度選擇的問題，當然更不可以簡化成為今天習以為常的所謂內閣制與總統制（或他們某種組合）之抉擇。[20]

　　換言之，單獨從憲法或憲政的角度提不出解決方案，而要同時思考文化的問題。然而，又因為文化變遷與融合不是一個可以規劃的現象，而百姓在接受道德動員與憲政主義理念宣揚之間，勢將常創意地、偶發地、意外地發展出調適之道，故又不能大膽妄圖提出文化改造或保留的方案。

　　然而，今天有一個可以切入的點，就是總統的權力問題，憲法、學理、論述之中談來談去，都是在討論權力。而

對權力的分析又必須像對憲法的分析一樣謹慎,認識到今人所說的權,受到西洋政治學與法律學的權力與權利概念的制約,發展不出一套可以與固有文化的「權」對話的架構,而後者所涵括的德治、情境、倫理與變通等話語,對於百姓在期盼領袖,以及領袖在自我期許時,可能起更多的情感牽引作用。中山先生早早就注意到這樣的問題,可惜今天的憲政學者很少認為中山的憲法有時代性。[21] 即使在亡國滅種的恐慌之中,他依舊注意到固有道德的制約力與可取性,而不像今人在頌揚台灣民主的成就聲中,反而沒有膽量來檢查自己的文化進程,卻一味地只想照著外國的某幾個模式拼湊。

拼湊是不可避免的,在全球化與後現代潮流中說不定還是優生的象徵。但在不瞭解自己情感傾向下的拼湊不會成功,不論我們用的是什麼標準。今天台灣在思量百姓與領袖的情感溝通時出現盲點,不肯好好思索德治的問題,與過去十餘年對中華固有文化的排斥有關,使我們不能用自己熟悉的語言討論憲政問題,忽視了固有文化中的觀念,或看到中山的思想時,就擔心自己變成落後中國的一個代表,這個問題在江澤民近來提出「以德治國」的主張後更嚴重,因為主張台獨的政治領袖就更不能談德治了,免得好像淪落成與中國大陸一樣的政治文化,偏偏領袖們自己所有的言行,都是

在試圖滿足百姓對德治的期盼。

　　後現代的特色是保留了所有發展方向的可能性，因為後現代的研究倫理，就是要去看各種隱藏在主流論述邊緣的思路，是在用什麼創意的或偶發的方式獲得保留，或透過什麼死而復生的方式重現江湖。然則，今天如果回頭去看已經被批判且修正得體無完膚的一九四七年憲法，未必是落伍的，甚至是先進的。前一章在討論這一部憲法時，就曾經指出其中充滿了德治色彩的部分，包括保護總統不介入人事與政策的紛擾，並配合著因此而享有的無尚道德，賦予總統形同「權變」權的調和權，又將有權（力）的機關的政策權與人事權分開，避免政策鬥爭形成對人身的道德攻擊，從而遮掩了政治的陰暗面，賦予了政府可以從事「大有為」施政的潛力。也許，回到憲政的源頭，也可以是重新思考總統權力的一個有效起點。

註釋

⑴ 有人將「權利」與「正確的」兩個概念有意識地相互使用（見 Hager, 1999: 12-14）。

⑵「權利」一詞，首見《荀子勸學》（李復甸、劉振鯤，2001：112）。

⑶「權利」最早是日本翻譯，或謂權理（森村進，1944；Takeyoshi, 1999: 9）。

⑷ 相對於將權利當成是道德的、應然的多數看法，另外有少數意見則認為，權利不是應然的，如果是應然的，則表示人天生而有自然權利，那人與自然之間的區隔將趨於模糊，從而使得人作為獨自存在的實體地位也發生動搖，最後造成權利的主體歸於自然，無法保障。故謂作為本體論上的實體，人有別於自然，能推理，能思考，則人的權利是兩人以上經過思考，各有理由而合致的或約定的，也因此而需要靠政府保障契約的執行（Hood, 2001）。

⑸ 古典對權利的理解同時重視到公民美德，早期西洋政治思想家認為民主制度之優越，多在民主制度有助於公民美德的養成，而少在於對權利的保障（Bellah, 1993）。

⑹ 不從常識角度，而從一個邏輯實證論來看時，就會覺得中國人的說法充滿偽善，是一種套套邏輯（Dowdle, 1999）。

⑺ 這方面的討論頗多，入門可參見Glass, 1995.

[8] 這一點最早也最爲海外中國通所強調（Schwartz, 1985: 68）。

[9] 這裡涉及了禮與仁之間的某種緊張關係（Tu, 1968）。

[10] 此何以中國的律師特別強調公益。如一九一二年中國歷史上第一個律師協會在上海申請成立時便強調，法律專業的目的是要保障群體人民權利，推廣法治精神。但對於領袖而言，引介西方法律的目的，恰恰是要以其人之道還治其人（師夷長技以治夷），藉以收回外國在華的治外法權（Xu, 1997）。

[11] 共產黨代表先進生產力、先進文化、人民的根本利益，見《中國時報》（2001.7.2）。

[12] 李總統在一九九六年五月二十日的就職演說中闡述「民之所欲，長在我心」的真諦，謂「影響國家發展深遠的重大政策，不是由一個人或一個政黨就可以決定」，故理當「廣邀各界領袖與代表以共商大計，建立共識」，見http://www.frontier.org.tw_sino/05201.html。

[13] 反對擴權案而退出修憲會議的新黨被中央日報指爲「自甘落伍、自甘邊緣化、自甘獨外於主流社會」，《中央日報》（1996.12.27）：2；或認爲擴權案代表「台灣本土意識從被壓抑的冬眠中破土而出，已匯成沛然莫之能禦的民意主流」（許文斌，1996：7；另見鄒景雯，1996：2）。

[14] 比如自袁世凱、梁啓超以降，對西方司法獨立概念的引進與強調，不曾從人權的角度設想，而是從國家立場出發，乃是對西方談中國

的國家獨立（Meijer, 1976）。

[15] 田弘茂認為，在民選代表之外另闢公共參與是「具有我國特色的民主制度」《自由時報》（1996.12.29：2）。

[16] 故謂總統既經由直選產生，不可能屈從於立法院之下，此深植於民眾之政治文化中的常理（郭正亮，1996）。

[17] 故宜推動「去政黨化」，「去國會化」並「訴諸人民」以「開創新局」（葉俊榮，2001：43）；另有主張少數政府也有統治正當性（黃昭元，2000：8-9）。

[18] 同理，民主也是動員的工具，使得連講求文化多元與自由的西化派都覺得，如果這一文化不加以教育改造，而尊重其自己發展，民主憲政的機會是渺小的（He, 2000: 93）。

[19] 近年則有號稱「超黨派、超省籍、超族群」的所謂「全民公益聯盟」協助推動修憲（黃主文，1994：43-50）。

[20] 追求典型與歸類雖是社會科學的主流，但所用的類型千篇一律來自西方的政治實踐結果，別人的實踐變成我們的典型，既然不像內閣制或總統制，就只剩下法國的雙首長制（朱雲漢，1993；蕭全政，1997），最有趣的，是在看到憲政運作中缺乏向內閣制換軌的機制後，因無以名之，仍歸諸雙首長制（隋杜卿，1997）。

[21] 最著名的是李鴻禧，他在多次演講中稱五權法為「龍的憲法」（李鴻禧，1999），關於中山的憲政思想，略見周世輔、周陽山，1992；楊志誠，1998：216-233。

第二篇　政治人格

第三章

批判與保守——
革命時代中的老派政治風格

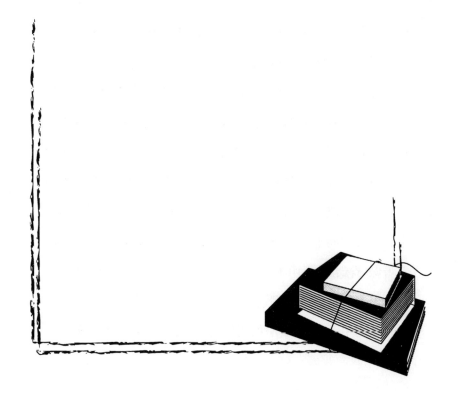

一、歷史與性格

喜好讀史的人最令人羨慕,可以從史料史聞中,進入一個不同的時代。這個本領不是靠著對事件的博聞強記,而是經由細心地捕捉那個時代的性格。從當時的人不經意書寫的小紙片裡,漸漸掌握人們關心些什麼事,用什麼角度看問題,得出了什麼評斷,間雜著什麼情緒。這些發現常會讓人驚喜,這不僅是因為巧遇了跨時代的知音,而竟是體會到一種不同的人生,從而對自己喜怒哀樂之所緣,更深刻地領略,對眼前占據人心的過往雲煙,更虛心地檢討。

誰能引領我們通往久遠的年代呢?夾在中間的,不就是伯叔們,伯叔們的伯叔們,這樣代代相溯嗎?然而,好笑的是,人們最陌生的一段歷史,常是大家自以為最熟悉的時代,也就是我們父執輩生長的年代。那是一個教科書語焉不詳的昨日,更是一個史家還不便論斷的過去,和一個我們天生想要抗拒而不肯去瞭解的上一代——注定成為一個永遠代表著保守、落伍的年代,是人們強迫自己遺忘的年代。這是人性,假如留戀著剛剛逝去的光陰,不就把自己帶向永不復返的深邃中了嗎?佛洛伊德挖掘到的死亡本能,懍然襲上心頭。

　　除非，當下的歷史進程已經如此難堪，死亡突然顯得親切，於是驅策著我們從老派思惟裡找尋慰藉。何其矛盾？墮落讓人歎然回顧；動亂讓人學著珍惜！否則，上一輩的點點滴滴豈能不每日乾涸？俟我們下幾輩再去捕捉之際，恐怕徒留囈想，永難神入。沈昌煥，就是一個今日受醜類所睥之、詆之，卻能在驀然回首間，散發出無限誘人性格的時代典型。面對著墮落與動亂，從青年沈昌煥的熱血與憤憤，到晚年沈昌煥的執著與惆悵，恐怕不是今天跳樑廟堂者有空消受的。但我們，與其陷在目下這個忘卻歷史的漩渦中不能自拔，毋寧添加一點兒大時代的追憶，說不定保守的氣息可以帶來清新，落伍的思緒可以重開天地。

　　青年沈昌煥不曾打破水缸救人，不曾空手智退強盜，更不曾勇於承認砍斷櫻桃樹。不過，恰恰是平凡中的一點一滴，更能承載時代的脈動，表現一代青年的抱負。其實，青年沈昌煥也懂不得什麼革命大道理，在我們偶然獲得的真跡之中，字裡行間跳躍著的是某種莫名的衝動，而吸引人的，就是這種衝動。衪孕育了積極的人生態度，凝聚成堅毅樂觀的精神，在隨波逐流的今天果然突兀，留給懵懂的後人訕笑的擇善固執的一生。

二、樂觀地掌握現在

在大時代洪流的衝激下，青年沈昌煥的心中，存有一股強烈地要有所貢獻的旺盛企圖心。但他的方向是模糊的，只感覺到源源不絕的不滿與憂心，躍然紙上。政府看起來顢頇而無能，自己必須要做點而什麼，一定要喚起國人——總有一天我會準備妥當的！就在離開校門的前夕，知心的黎蘭女士與青年沈昌煥共譜了這段自我勉勵的話，深深地掌握住青年的心靈：

匆匆地相遇了，

又匆匆地離去，

這便是飄萍樣的人生。

別讓疏遠來追隨，

願我們的友誼保持永恆，

快樂的心靈下，

負起青年應有的責任，

一顆溫存的心，

願你保持永恆！

你希望我給你的，

正如我希望你給我，

是呀！我們願永遠是朋友。

我們在靜默中認識，

正如我們在靜默中思念。

永久的友誼，

原常寄託在靜默的認識中，

走上時代最高峰，

去為女界爭些光榮。

你是兼有著勇敢和溫存，

我羨慕你。

莫嘆著眼前是一片黑暗，

要知道黑暗總有一天會給我們戰勝，

攫獲光明。[1]

在小詩的反面，黎蘭女士寫出了對未來的憧憬之情：

Give to the world the best you have

and the best will come back to you. [2]

英文的底下，青年草草地抄錄了三、四行，旁邊又加上了一段，好像是在回應：

過去和將來

不必追念和幻戀，

朋友，伸出手來

笑笑地抓住「現在」！[3]

三、青年的怨懟

(一) 帝國主義的日本

而「現在」，是青年心目中等待光明的黑暗哪！有時真
逼得人喘不過氣。當目光轉離了黎蘭女士，觸目盡是黑暗，
這黑暗從三方面逼來，青年從未感到可以一笑置之。最要緊
的是，東洋帝國主義跨進國門，覬覦河山。一九三四年的年
關，青年沈昌煥寫到：

獨自憑欄舉目空

江山無限數沙蟲

頻年浩劫將誰訴

惆悵金甌殘破中

念二年歲月匆匆過

外患多由起內鬨

劇帝制

掃元凶

當時烈士就義何從容

到如今

飄搖風雨知何似

拋卻滿腔熱血化長宏

九一八

失遼東

一二八

氣如虹

如今槍口向誰轟

私人意氣尋常事

忍令此山河錦繡付漁翁

思量往事唯痛哭

愧無曲筆諒諸公

便道是昨非今是無容說

從今無悔早繡縫

休等到國亡家破悔無□ [4]

西元一九三五年春假，青年沈昌煥走訪西北，初登長城，上南口，對於抗日遺跡流露出高度的敏感與憐惜，他在《華年周刊》上記錄了當時的心情：

> 南口是長城主要關口之一，前年國民軍抵敵苦戰就在此地，遠遠望見鐵路右側，高豎著國民軍陣亡將士的紀念碑，衛國忠魂，使人肅然生敬（沈昌煥，1935：353）。

到了歸綏，他看到的感動，不是人們「遊覽名勝古蹟」的記載，而是印象深刻難忘的「烈士公園」，「高聳雲表」的墓碑上書「華北第五十九軍抗日將士公墓」。青年沈昌煥的筆尖跳動著：「累累的烈士塚，為數何止數千。到這兒來遊覽的人，無不很嚴肅的脫了帽子行敬禮，一種淒涼悲痛的情景，至今還在心頭。」（沈昌煥，1935：373），一進內蒙，他就擔心「東邊也有新的侵略者虎視眈眈」。青年發現，時下內蒙所謂民族問題，恐怕都是內地人誤解了內蒙改革青年的抗日警覺。這些青年組成的革命集團原本得不到民眾的同情，但近來：

> ……東三省的事變以後，日人積極西進，他們看到

三省相繼淪陷，政府又無力收復失地，革命運動若
再不即時發動，內蒙土地一旦被占，就很難有掙扎
圖存的希望。恰巧王公之中，有德王這樣一個人，
思想很進步，並且有領袖的才幹；於是那些革命青
年就順風轉舵，暫時放棄了打倒王公的主張，與德
王合作，奉他爲領袖。這樣一來，因爲人民都信仰
王公的權威，對德王尤極愛戴，內部的意志容易統
一，自治運動就在那時候發動起來。所以，與其說
這次內蒙自治運動是陰謀叛離或是另有其他原因，
無寧說，前年的熱河事件和政府的不抵抗是促成內
蒙自治運動提早發作的機緣與推動力（沈昌煥，
1935：頁闕如）。

　　雖然沒有抗日的口號，但是危國憂時的志士精神，把時
代背景交代的清清楚楚。但的確，那股滿心要爲國奉獻的衝
動，在青年沈昌煥身上，還沒有栽培出新世界的美妙藍圖，
所謂有志青年，應該說是一股氣質、一種態度、一個傾向。
或許今天，這個精神只能是新世紀新人類哈日族的笑話，卻
又不偏不倚地標誌出一個大時代神髓的象徵。

（二） 政治的無能顢頇

　　私人意氣阻撓著抗日，青年憤憤地訴說著。一九三四年一首《新年漫歌》的〈感時〉篇，直指軍閥誤國：

　　新年到

　　大江南北皆逍遙

　　這裡是高歌漫詠昇平調

　　東北是無家可歸哭聲高

　　可憐遍地血汗淚

　　抗敵何處有同胞

　　新年到

　　福建省內轟大砲

　　非是祝福慶元宵

　　卻是內戰殺氣高

　　波一波國難照危日

　　想一想民族如何了

　　嗚呼一年復一年

　　舊年總比新年好 [5]

　　內戰方酣，禦敵的行動乃荒廢下來，眼見長城的奇偉，

西北行中的遊人固然歎爲觀止，但是不禁又聯想到：

> ……古人爲了抗禦強敵保衛疆土，建造起如此空前
> 絕後的偉大工程來。但是後世的人怎麼？我們非但
> 不能愛惜保護這先人的遺業，如今連國社的存亡，
> 都危在旦夕了！我不知道在萬里長城上聽話盒子吃
> 三明治的遊客中，有沒有想到這一點的（沈昌煥，
> 1935：354）。

青年沈昌煥抱怨去西北考察的人，都是打著考察的旗
號，趁著「開發西北」的政策，好像在作一件時髦好玩的
事，其實明明是去旅遊的，眞令人覺得「既可憐又好笑」。
他到達綏遠，感歎當地工商業的落後，雖然對於新建的麵粉
廠與毛織廠很推崇，但忍不住指責「有力量的人沒有遠大的
眼光，都裹足不前」，不曉得來提倡這一類的工廠，結果這
些「最能挽回權利」的事業，卻缺乏資本，致使機器都不夠
運用（沈昌煥，1935：373）。看到綏省人才不足，聯想到全
國的病徵：

> ……綏省地處西北，氣候既寒冷，生活又艱苦，行
> 政人員的待遇更十分菲薄，有才能的人都不願前

往，以致許多事業都因爲沒有人才而不易改進。關
於這一點，我們認爲並不是綏遠一省的問題，而是
整個中國行政制度不健全的弊病。在地方政府方
面，人才和錢財都感到缺乏，在中央則駢枝機關重
床疊架，冗員充斥而行政效率不見增加；再看看中
央和地方政費的比較，就不難看出病源的所在了
（沈昌煥，1935：374）。

在內蒙，青年眼中看到政府的顢頇，可說是變本加厲。
在一篇尖銳批判的時論之中，年輕的筆鋒眞是按壓不住對政
府的幾近絕望。他先指出清朝從來沒有改進邊疆的政策，但
是國民政府設立的蒙藏委員會，「不但沒有積極的改進，連
以前不徹底的聯絡也忽略了」：

……民國成立二十多年了，而內蒙古各蒙旗「札薩
克」所蓋的官印，還是大清帝國時代所頒發的；這
種事實，卻是荒謬得使人難於相信的。國家權威所
寄的關防，中國的習慣向來把它看得比人還重要，
何以竟會疏忽到如此地步。別的方面，自然不問可
知了。政府當局如是，人民又怎樣呢？（沈昌煥，

1935：頁闕如）

　　怎樣呢？就是把「叛亂」、「陰謀」的帽子給人亂戴。等內政部長去過一趟蒙古，又都以為自治問題已經解決，大家不妨高枕無憂。青年沈昌煥接著把自己對政府的不滿，讀進了蒙古人民的心中。他斷言「蒙古人對中央政府的不滿，永遠不會減少！種族間的隔膜和鬥爭，也永遠不會消除」（沈昌煥，1935：頁闕如）。因為，政府作的「種種措施，不是隔靴搔癢，就是和蒙古人的利益發生根本衝突」。青年細數著政府各種不是：

> ……態度與方法仍然沒跳出懷柔羈縻的範圍。我們要問，內蒙地方自治委員會成立以後，中央除了每月發幾萬塊錢經費以外，有什麼具體改進邊疆的計畫沒有？主持蒙藏邊疆事務的機關中有真正懂得蒙古事情的人沒有？宗教在蒙古和西藏不同，在政治上已經沒有多大力量，近年以來，政教更有分道揚鑣的趨勢，但政府方面，卻一味籠絡宗教上的人物，想藉他們的勢力來宣化中央的德意。蒙古人最反對的地方的人卻開墾他們的牧地，但是我們非但不設法提倡改良畜牧，而且不管土地是否適宜於耕

種，竭力的高唱墾殖邊疆（沈昌煥，1935：頁闕
如）。

（三）國人的麻木不仁

不公平的感覺，往往可以產生一種內生的力量，冥冥中
賦予青年沈昌煥一股正義的勇氣，如此自在地用批判的眼
光，觀察著周遭的事物。不滿，是青年沈昌煥的人格特色。
他喜歡在人人習以為常的現象裡，挑出讓你不安的問題。
《新年漫歌》的〈過年〉篇是這樣在慶元宵：

新年到

有錢人家慶元宵

沒錢人家無米無鹽無柴草

臘月北風緊

當鋪質棉襖[6]

再說歸綏見聞，他批評公共溜冰場和球場「好像是很久
沒有人跡到的荒地一樣」，因為人民皆「為生計所迫，沒有
運動餘暇，即使有一些時間，也因為缺少受相當的教育，沒
有運動的習慣」。更令他震驚的是，「人民因為賦稅的不勝
負擔」，好的田地全部改種了鴉片（沈昌煥，1935：375）。

　　內蒙之行讓他深自檢討，中華民族各族之間的「隔膜和歧視，依然深深地存在」。青年受不了人與人之間的不平等，光而大之，也對族與族之間的不平等大加韃伐：

> ……多數人只知道一味的輕視裒落，而忘記了自己和他們是一家的兄弟，更忘記了自己享受了比較優越的環境和權利，應該有提攜他們、體貼他們的責任。試問我們自己對於異族所表示的輕視和侮辱覺得怎樣？受過這種刺戟和教訓的人，不知道團結起來奮鬥圖強，卻反過頭來輕視不如自己的本國人。這種心理，簡直比輕視有色人種的白種人，更要可恨可鄙（沈昌煥，1935：頁闕如）。

　　離開綏遠的路上，他看到六、七歲的小女孩纏著三寸金蓮，又不覺憐憫起來。車行來到百靈廟，他再度指責內地人總在想像內蒙像遠在天涯海角，而少數來過的人則大吹大擂多麼危險辛苦，說穿了，這些都是造成民族不能調和，邊疆不能進步的成見，因為在他自己的體會中，內蒙不遠嘛！造成遠的感覺的原因是「彼此閉關自守不相往來的緣故」（沈昌煥，1935：頁闕如）。

　　青年沈昌煥對中國境內各個現象的不滿，使他瞧不起那

些抱殘守缺，吹噓中國文化的人。他為《華年周刊》評價一本書，就發抒著這樣的情緒。這本書的中文譯名是《一個中國人對於美國文明之觀察》（No-yong Park （Pao），*An Oriental View of American Civilization,* Hale Cush-man & Flint, 1934）。作者對中庸之道大加推崇，視之為萬靈丹的輕佻，引起書評人的憤怒。對於崇美的人而言，這本書或許可以讓他們清醒一下，但要覺得中國人比較好，那還真是笑話。在批判性格強烈的青年沈昌煥眼中，書中對美國社會的描寫，像拜金主義、流氓統治、商業化的教育、掛羊頭賣狗肉的教會、以性感為題材的新聞紙、政治混亂貪污、婦女拋棄家庭愛慕虛榮，在中國社會應有盡有。他矛頭一轉，指向「如此貧乏」的中國學術界：

> ……我們對於外國問題的著作真是渺不可得，偶然發現一、二，又不免認識不足與議論膚淺之譏。退一步想這種現象也是不足為怪，我國的所謂學者們，當他們到國外去求學的時候，就販賣一些中國的古董去哄洋人，到回國時則帶幾冊洋書來嚇同胞，用這種方法研究學問，自然不能和人家比了。試問這種不良現象，到現在有沒有改變呢？（沈昌煥，1935：758）

（四）時代青年的性格

　　關於青年沈昌煥的性格，在友人慨贈的一幅相片留言中說得最好。時爲一九三六年夏，青年因言行得罪當局，決負笈美國。留學生梁紹文赴西雅圖，巧與同舟，佩服於領導統御，不畏權勢，爲國人據理力爭的氣質，一見傾心，乃有贈語：

> 西元一九三六年之夏，沈昌煥兄乘日本皇后郵船橫渡太平洋來美留學。同船中有中國留學生八十餘人皆奉沈兄爲領袖，而沈兄勇於任事，樂於助人，指揮如意，群情翕服。紹一見傾心，知沈兄將來必能爲蒼生謀福利，故加讚之餘，權與共攝是照以供他日之息壤。[7]

　　凡是青年，不拘任何時代，可能都沒有明明白白的方向感，或有，但可塑性仍高。青年沈昌煥也不例外。可是與今人相比，其益難以遮掩者，恰恰是在他的批判、分析、憤慨、感歎聲中，賦有冰天雪地都可以融化的熊熊熱情。在東洋帝國主義陰影下的他，憂心而能不悲情；在政府顛頂政局震盪間的他，氣憤而能不犬儒；在社會分崩離析潰散中的

他，感歎而能不多烘；他認眞嚴肅地培養自己，充滿好奇，目光敏銳。對感情的精緻，對山河的憧憬，對時局的警覺，對弱者的不忍，在在說明的是一種正在被我們遺忘的性格，這既不是意識形態，更不是革命理念所能化育的。

夫大時代之大，不必大在偉人思想之宏博精微，也不必冀求時勢翻騰與戰雲風浪。其大者，大在凡人渠間一顆顆不死的，勇往奮進的志士之心。就是這顆心，維繫著家國故土，牽綴著兒女情長。黎蘭女士與青年沈昌煥一起寫著：

> 認識你不久
>
> 就要離校了
>
> 希望我們分手以後
>
> 還像平時一樣的常來往
>
> 不要讓形式的疏遠
>
> 疏遠我們的友誼[8]

平平淡淡之間，藏有多少期盼與誠摯？不瞭解大時代的你我，怎麼讀得出來，愈是平淡愈是濃，這段感情就這樣細細地流了六十餘年。青年沈昌煥的故事，才剛剛展開。

四、中年沈昌煥的進退哲學

（一）任、辭新聞局

　　人生像是一個大舞台，上面還有無數個小舞台。有人上了舞台就不肯下來，弄得觀衆不耐；有人自己願意下台，有時候卻下不來。沈昌煥就屬於後一種人。由於沈昌煥長年追隨兩位蔣總統，忠心耿耿，退休之後對自己目擊或參與的歷史事件，都一律守口如瓶。外界總覺得他很神秘，並不曉得他這一生也是有所起伏，更不知道像他這種深居宮廷內院的人，行事做人一樣有風有骨。放眼古今政壇，爲了對政策負責，或對理念堅持，自己願意請辭下台的寥寥可數。後人很難想像，沈昌煥歷經四十年宦海浮沉，總共竟請辭過至少五次之多，其中有四次可以說完全是責任政治的演出。

　　他的第三次請辭在一九六六年，是由於積勞成疾，發了心臟病的關係。第四次值中美斷交，他請辭外交部長，當然是要對政策負責，而且幾年前早已用書面有所準備。小蔣總統過世不數日他又請辭總統府秘書長，則是第五次。第五次辭職當時李登輝總統雖沒有接受，不過沈昌煥沒有撤回辭呈。九個月後因爲他在中常會批評政府對蘇俄政策的決策程

序，引起黨內震撼，總統才決定批准他的辭呈，改聘資政，所以仍可說是因為對自己的看法負責而下台。

除了上述後三回辭職而外，頭兩次請辭的故事比較罕為人知。他第二次請辭是在一九六一年，為的是膾炙人口的外蒙案。案件的關鍵是我國在聯大的會籍正岌岌可危，老蔣總統為換取美國公開支持我國，而同意不杯葛外蒙入會。沈昌煥當時卻全力配合黨的政策，反對外蒙入會，不但多次與立院溝通，還發動群眾簽名支持，不料政策倒轉。人還在紐約的他，當天就拍電回國請辭，好讓政府對民眾有個交代。不知情的人一度還誤會這封電報是打葉公超小報告。

近二十年前黨內一次聚會，歷任新聞局長巧遇合影，除魏景蒙、沈錡、沈劍虹、錢復、丁懋時、宋楚瑜外，赫然領銜的正是沈昌煥，而且還是當中最資深的：他在一九四八年十二月接任董顯光，不過不到兩個月，他便辭職了。老一輩的人應當還記得，老蔣總統在當年一月下野。代行職權的李宗仁總統一般透過自己的親信大將甘介侯發言，內容諸多與年輕的局長理念不合。儘管年少受器重，得之不易，應當兢兢業業，他竟毅然修書請辭。

那時行政院長孫科與副院長吳鐵城都想挽留，但他頗為堅定，把公事清楚交代主任秘書蔣君章之後便離職。同時，

他也向人在奉化的國民黨主席蔣中正發電說明。蔣主席回電，要他不要灰心，革命形勢固然不好，但仍有可為。在辭職之後的幾個月裡，沈昌煥去了哪裡人們並不知道，他好像去杭州看過友人，後來可能行走台灣，所以蔣主席曾經發電報到台灣找他，要他回奉化。他爾後得到老蔣總統幾十年的信任，和他不肯苟且，不屑戀棧的個性想必有關。

任命我的人離開了，我就應該離開。我推動的政策失敗了，我也應該離開。這種老派的舞台哲學，就像抽屜夾縫中不小心掉出來的，被人遺忘的，發黃的舊照片。現代人在發思古幽情之時，還真不知道要放在什麼相框裡才恰當呢！

（二）外蒙案的波折

一九六一年的元旦，日正當中的沈昌煥在記事簿上寫著，美國要在聯合國推動兩個中國已成定案，他認為，中華民國絕對不能接受。在當時的形勢下，要是接受美國的安排，沈判斷，中華民國遲早要丟掉聯合國席位，若要保住席位唯有靠自己單獨奮鬥。做為外交部長，沈面臨著事業上的重大危機，可是人們沒有聽到什麼哭天叫地的吶喊抗爭；相反地，出奇的沉著與堅毅鋪陳了他一步又一步的對應。

沈過世後不久，黃天才先生在《聯合報》揭露了當時的

片片秘辛，靈敏地點出蔣介石利用外蒙事件，要求美國承諾
不支持中國大陸加入聯合國，換取中華民國不對外蒙入會案
投否決票。沈昌煥對這個大戰略未必知情，他在元旦記事簿
上指出，當務之急，是立法院必須準備好，隨時決議退出聯
合國。就在年中，沈陪著陳誠副總統在美國拜會了甘迺迪總
統和魯斯克國務卿，進行遊說。蔣介石後來在外蒙案立場上
的一百八十度轉變，恐怕也是有些出乎沈的意料！

　　照黃天才的描述，外蒙案還有案外案，就是沈與當時駐
美大使葉公超之間出現裂痕。除了葉同情美國的兩個中國方
案招致不滿外，更要緊的是葉在國外講了不少蔣的壞話。忠
心耿耿的沈受不了葉這種表現，趁著外蒙入會案底牌揭曉
時，密電參了葉一筆，導致葉的去職，造成我國外交人事史
上的一大懸案。

　　假如黃天才的故事是對的，沈就是因為外蒙案立場不變
而老羞成怒，宣洩自己被蒙在鼓裡的不快。這種心理在今人
聽來合情合理，畢竟當代政壇亂咬人來洩憤的事層出不窮。
不過，老派的人多半不會這麼反應的。外蒙案揭曉後的凌晨
四點，沈的確拍了一封密電回府。照黃天才的說法，就是這
封密電做掉了葉公超。但一位看過密電的人透露，這封密電
隻字未提到葉，寫的是當今政壇的人堅決不會做的事：沈因

爲外蒙案立場上的不變，認爲一年來動員軍民同胞支持政府付諸東流，應該給百姓一個交代，所以向蔣引咎辭職。

（三）葉公超退職懸案

簡單說，沈的感覺最多是慚愧沮喪，而不是憤怒，他沒有怪蔣棄守，又有什麼立場怪葉主張兩個中國？假如他告葉的狀，不也連帶等於向蔣抗議了？要是葉嘲弄蔣的頑固是可誅的，那麼蔣的妥協怎麼可能是對的？以沈對蔣的敬畏，在案子剛結束，蔣的心情不佳的當兒，眞的會不經大腦地和蔣談葉的事？後人或許不知沈和葉的關係密切，他們在四九年之前就開始併肩作戰。爲了一九五四年的《中美共同防禦條約》，兩人一主外，一主內，沈花了大功夫在立法院做思想工作；葉親用毛筆在還溫熱的約稿上，傳書向沈道謝，眞情流露。沈第二次出任外交部長時，正是由葉公超監交，葉已是政務委員，沒有迴避，也沒有微詞。說爲了要舉發葉，而用一封密電來進行，對老派人物沈昌煥未免太新潮了！倒是聽說八〇年代以來，外交部的密電一半以上是黑函。人們沒有想到的，是參葉一筆的大有人在，其中還有國際人士看不慣找蔣告狀的，沈何苦加油添醋？

說沈對葉詆毀元首有所不滿，這恐怕可信，因爲沈對蔣

確實是一片忠誠。很多人應該還記得他把《蘇俄在中國》摔
在中常委的面前，質問大家是不是蔣的政策都不要了？連李
登輝主席都噤若寒蟬，他面對沈質問誰制訂了對俄的新政
策，不知何以回答是好，支支吾吾的中常委面面相覷，最後
李裁示兩個禮拜後要做個報告。不料沈再次發言，他堅持下
個禮拜就要報告。瞭解沈的人都知道，他的風格就是執著兩
個字，誰不能執著就得交代清楚，一定要提個合理的說法。
他一九六一年的密電辭職也正是這種氣質的告白，但也因
此，他的守舊標籤就益加穩固了。像人們最嘲弄他主張的
「漢賊不兩立」，怪說這是台北外交連連敗退的主因。那麼，
沈自己是怎麼理解的呢？

五、晚年沈昌煥的執著

也許這只是一段歷史潮流，但也許這是一種智慧抉擇，
在二十世紀走到盡頭之際，親身目睹近百年來國民黨由盛而
衰的總統府資政沈昌煥，在九八年七月辭世了。今人提到沈
昌煥，總是給外界一種神秘的感覺，神秘隱藏著爭議，但隨
著草莽文化與後現代潮流衝擊了宮廷闈幕，九〇年代的沈昌
煥失去了熟悉的舞台。在世界政壇倫理蕩然無存的節骨眼
上，他的離去恐怕不但不是爭議的結束，反而還預告了更大

的動盪即將奔騰，象徵了繁縟牽掛的老派政治風格已然棄守，莫非真要留下率獸食人的政治武林，任之自生自滅？

親近他的人回憶到，沈真正重視的不單是「漢賊不兩立」，而是諸葛武侯寫的下聯——「王業不偏安」。沈所指的王業不偏安，就是光復大陸。偏安不但不能成就萬民擁戴的正統，甚至終將導致淪亡。「漢賊不兩立」所傳達的，不是敵來我退，而是不退、堅持、進攻，失去攻擊性就失去生機，是個生死問題。一九六四年中法斷交，不少人惋惜當時未能逮住機會，接受兩個中國的安排。人們哪裡想到，斷交之後，中華民國駐法大使館始終不退，後來還是法國以斷水斷電相要脅，逼得沈只好黯然撤館。對沈而言，一個中國不只是外交政策，而是國策，是生存之必須。但光是口說不夠，定要真心追求一個中國的完成，不然國家必危。在《國統綱領》通過以後，沈的反應就是蹙眉側首，怎麼讀不出一點兒對中國人的感情？

沒錯！沈背負的老派文化，就是對感情的執著。九○年代的政壇小老婆充斥，有人戲稱立委小太太人數已經超過立委人數，相形之下，沈和夫人近七十年的鶼鰈情深真是不可思議。別看他在宮廷內外左右開弓的勁道，從戀愛到鑽石婚的亙古不變的呵護，讓沈夫人成了親友們眼中最幸福的妻

子。沈臥病之際，還給護士寫條子，要早點回家籌備鑽石
婚。沈夫人性情典雅恬適，她的牌搭子一提到她第一印象
是，哇！人好得不得了，對什麼人都好。每到星期四，沈都
親自陪伴夫人的牌搭子一起吃飯。沈的感情世界充滿了投入
與付出，難怪沈看到冷冰冰的《國統綱領》，懷疑我們的感
情何在。

對太太如此，對領袖更是如此，對蔣夫人亦復如此。藉
著情感執著所鋪陳的信任氣氛，不存在於九〇年代以後的中
常會上。聯合國五十周年慶的時候，宋美齡作為碩果僅存的
二戰領袖，託人把她準備的講辭，千里迢迢送到台北請沈過
目修正，沈看過宋才放心。宋百年大壽，沈加入了祝壽團赴
美，宋見了他還調侃他英俊，被鬧的八十五歲晚輩其實窩心
極了，化解了當代政壇一夕數變的薄情與焦慮。

六、平凡中的不平凡

現代年輕人追求時髦的口號，稍縱即逝，很難想像老派
的人聽到一句話可以影響一生。講的人不經意，聽的人很用
心，反反覆覆地想。影響沈昌煥一生做人的一些原則，就是
這麼給體會出來的。這要追溯到早年求學的經驗了。沈在美
國留學上的是密歇根大學，窮學生生活都儘量節儉，沒錢買

書報，沈平時就跑到街角一家書報攤翻雜誌，去的次數多了，有一天老闆就拍拍他說，年輕人，像你這樣天天來看，雜誌都翻舊了，那我要怎麼賣啊？是呀！沈打從心底受到震撼，為什麼我沒有替人家想？沈自己回憶到，從那時開始，他什麼事都要先設身處地地想到人家。沈家公子至今不忘父親這段教訓，一而再，再而三。

　　沈在上海光華大學畢業的時候，校長頒獎，看到這個年輕人活動好多，就告誡他，做事情要一次做一件事（one thing at a time）。沈如醍醐灌頂，自此經常自我提醒，今後凡事要一以貫之。光華大學留給他的感情影響至深，到九六年，北大退休教授張芝聯還特別來台灣看他，商議光華大學復校的事。張芝聯就是當年校長張壽鏞先生的公子，兩人相見甚歡，爾後有人往返兩岸，沈、張兩家都不忘託人捎封信，帶個禮。

　　除了聽話很認真，沈自己說一句話也用心很深。有一次，他看到筆者寫了一篇關於香港回歸的文章，託人傳了一句話，當時沈昌煥其人筆者雖有耳聞，然從未晤其面，所以感到很新鮮。他說的很簡單：「文章分析得很好，不過政策建議不夠實際。」這是我們第一次接觸，間接、含蓄、簡單，但又不得不體會到，短短幾個字帶著期待與善意，散發

一種親切的陌生感。沈的訊息讓人躊躇，因為不諱言他在學界名聲平平。這份猶豫在後來讓筆者感到愧歉，是沈的主動讓做後輩的悟到了新的人生道理，原來人的品質風範和政治立場是兩回事，筆者學會了對立場不同的人產生敬佩心。這個領悟也讓筆者後來研究宋美齡外交活動時，竟能在反思批判中油然而生對筆下人物的敬意。老派人物誇人不用媚語，罵人不帶輕佻，意見相左卻彼此設想，給後人的感受真是奇妙而高深。

終於有一天，他約筆者到圓山飯店吃飯，把中山先生墨寶家傳複製一幅作為見面禮，進餐之中沒有太多交談，但我算是見到了歷史人物。筆者一位同事鑽研外交史，知道這次奇遇，天天打算讓筆者引見沈做訪談，別說筆者開不了口，恐怕沈家公子都未必說得動父親。老派人物守口如瓶，在張少帥身上大家已經看到過。任何人想在沈的口中聽些蔣家軼聞或外交密辛，不如先去緣木求魚。

老派人做事喜歡不著痕跡，過去的風風雨雨最後都要慢慢圓融，碰到吵吵鬧鬧的現代人，糾纏不清，甚是困擾。沈昌煥決定不過鑽石婚就先走了，是在警世而不是忘了夫人，恰是昇華超越了形體之感情，七十年的執著又何必朝朝暮暮。他是避開了世紀之交的尷尬，讓風雨快起快過，人們才

會更早地覺悟，這對他一生執著的原則，可能還是一種迂迴
的培養。

註釋

[1] 親筆手跡。

[2] 親筆手跡。

[3] 親筆手跡。

[4] 親筆手跡，詩尾最後一字難以辨識。

[5] 親筆手跡。

[6] 親筆手跡。

[7] 梁紹文於西雅圖所贈之相片與親筆手跡。

[8] 親筆手跡。

第四章

自戀與權威——
民主時代中的後殖地風格

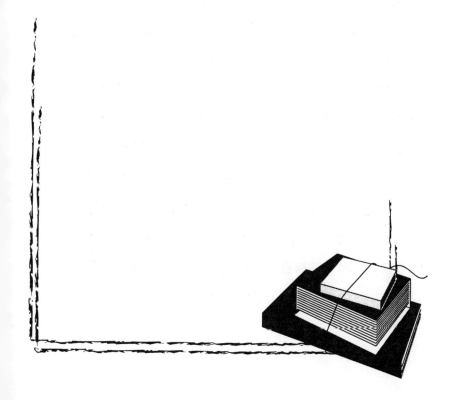

一、前言——人格與兩岸關係

　　兩岸議題之管理可以理解成是國際政治制約下的產物（林正義，1985；邵玉銘，1987；范希周，1989；陳啓懋，2000），也可以是近代中國歷史脈絡所鋪陳的當代結局（徐宗懋，1997；楊開煌，2000；黃嘉樹，1994；張磊、林家有、周興樑，1993），或是政治思想、意識型態、派系鬥爭的延長（吳玉山、林文程、江水平，1995；趙建民，1998；金泓汎，1989；沈駿、趙玉南，1994）。為知識界所通常忽略的，但市井小民嘖嘖稱奇的則是政治人格的作用，本章將以李登輝為例，以陳水扁為輔，說明政治人格與兩岸關係管理風格之間的聯繫。關於政治人格研究最大的困境在於資料的詮釋，本章採用李登輝自己的說法與自我分析為主要素材，這些素材排除了正式的演說，而只納入三項明顯是由他自己表達意見的作品——與司馬遼太郎對談〈生為台灣人的悲哀〉、《台灣的主張》，以及與中嶋嶺雄對談的「亞洲的智略」，藉以探尋李登輝政治人格的形成，以及對兩岸關係中既存國際政治、歷史脈絡互動的風格。

二、李登輝的人格特質

　　李登輝的政治性格有幾個特點，首先就是他對於「自我」這個概念近乎偏執的關注。他自年輕時開始，就對於自我有一種既畏懼，又迷戀的矛盾感情，非常有意識地在思索如何把持自我的問題（《台灣的主張》：291）。對李登輝而言，他覺得有關自我定位的迷惑是一個不理性的表現，他的母親則認為這是一種太強的情感所致（《台灣的主張》：39），李登輝沒有辦法解釋這個自我所激發的衝動，也不肯接受母親的安撫，但他又明明白白知道自己其實是感激母親的。根據他自己的回憶，父親和母親都非常寵愛他，甚至「近乎溺愛」（《台灣的主張》：38）。也許這可以部分說明他所感受到的那股無法壓抑的自我中心衝動，乃一般所謂的自戀性格。他一開始處理的方法，是離開家去讀書（《台灣的主張》：39），後來則藉助於基督教的力量來進行自我控制，以能「因死亡而得永生」（《台灣的主張》：53，292）。

　　這種對自我感情的壓抑是有意識的、自覺的，而受到壓抑的情緒隨著生活經歷日益增強，其中最早的應當屬於二二八事件，這是李登輝首度感到身為知識分子的恐懼（《台灣的主張》：48-49，301-3）。終其最後一任總統任期，他始終

感覺自己受到各種壓抑，但造成壓抑的主體慢慢不再是那個
想要逃避自我的青年李登輝，而是夜半可能隨時出現的情治
人員、外來政權、中國大陸政權……等。這時的恐懼已經不
能再由肉體的死亡加以理解，而慢慢地變成為一種觀念上的
自我否定。換言之，太強的自我逐漸獲得了有效的控制，但
其原因並不在於緩和了自我意識的內在動力，而在於將壓抑
自我的來源轉嫁到外在的某個對象上。

　　不過，轉嫁的過程並不是理所當然，不假思索的直覺現
象。李登輝為了說服自己不要太沉迷於自己要什麼，非常有
意識地決定將自我交給一個理想主義的立場，希望在這個立
場裡，自我的個體性可以消溶在一個大我的建構中（《台灣
的主張》：99），他在九〇年代以後，特別強調台灣認同與
心靈改革，就是進一步希望將他自己對社會整體的以身相
許，也能傳授教導給國人，使得國人自由意志發揮的結果，
不是一盤散沙，各為自己，而是超越了個人，摒棄了一己之
私的所謂真正自由（《台灣的主張》：135，292-3）。這個自
由論述中所包含的理想主義，就是去建立一個大我的存在。
到了擔任總統之後，大我的存在所指的，就是「中華民國在
台灣」在國際社會的存在。「存在就有希望」是李登輝執政
晚期的主要宣傳口號（「亞洲的智略」，2000：2；《經營大

台灣》：246；《台灣的主張》：126，128，282），大我存在具有兩個心理上的效果：一個效果是大我吸納了小我的自我意識：另一個是把對小我的自我意識的壓抑，投射到了追求大我的存在的理想主義目標中。

李登輝之所以提出了理想主義，多少也是因應他對日本文化之中徒然重視技術能力，卻沒有長遠目標的弊病之診斷，他認為日本文化需要信心，需要信念（《台灣的主張》：207-210）。這個對日本的超越在李登輝超越自我的努力中，扮演了重要的角色。由於李登輝在第二次世界大戰結束之前是受日本天皇殖民統治的台籍日本人，所以後來面對日本的時候不太可能有完全的自信。尤其日本文化中散布了濃厚的對中國的蔑視不齒，對於光復以後認識到自己中國人身分的人，當然產生自我否定的壓力，這難免為有強烈自我意識的李登輝帶來不安。當李登輝批評日本缺乏理想主義時，證明自己已經能夠把日本當成是一個對象在分析，像這樣努力地證明自己已經超越日本，對於他平撫自我否定的焦慮是個關鍵。而且，理想主義的內涵既是大台灣的存在，日本似乎又最不敢忤逆北京來認可台灣獨立的存在，則在批評日本缺乏眼光之際，同時又給予李登輝的小我一個可以投射的大我──大台灣生命共同體。

　　所以，追求台灣那個超越日本與中國的獨立存在地位，並不單純只是一個國際政治學上的戰略選擇，而是一個心理上的需要，是李登輝長期以來處理內心超強的自我意識時，在生活經歷和與生活發展中，先慢慢地學習著在概念上用一套台灣人民長期、整體的利益論述來吸納小我的自我意志，再注入以抗拒外來政權的壓迫為主軸的邏輯，以延續前面所擬就的整體利益位置。於是乎，從國民黨到北京全都成為他處理自我問題時的有用對象。同樣重要的，對於台灣獨立主權的追求，也並不完全只是一個政治理念或意識形態的問題，所以也不能完全從他受到日本皇民化運動的影響來說明。比如，李登輝提過，台灣存在一個「中國的文化國家主義」，也多次提到過自己是中國人，並期許台灣能成為改造中華文化的新中原，成為大陸未來發展的典範（《台灣的主張》：77）。

　　日裔美國學者福山在蘇聯集團瓦解之際，提出了「歷史的終結」的看法，認為自由主義將席捲全球，舊的民族主義力量已經走到歷史盡頭。沿襲而來的一脈看法包括「國家的終結」、「意識型態的終結」等分析。這一類說法很快傳到台灣，李登輝聞後的回應是，歷史不會就此終結，相反地，他將民主、生命共同體與歷史的進程聯繫在一起，提出了

「歷史的開端」的主張（《寧靜革命》：4）。與福山針鋒相對的正是李登輝對個人自由意志的想法，他乃期待國人能克服太強的自我意識，即不要對作為社會整體的一員有太強的抗拒衝動（《台灣的主張》：86，293），因此在方向上與福山頗不相同。不過，台灣主體意識作為歷史的開端，當然前提是中國歷史的終結，因為他認為中國的民族主義成為一個東亞的霸權，有礙於台灣民眾自由意志的發揮，使台灣的生命共同體受到壓抑，於是他對於歷史發展的方向應該如何開展，一旦是指中國的時候，仍然相當接近福山的歷史哲學。

　　李登輝花時間對福山進行回應的同時，提出了心靈改革，以因應在追求完成大我主體意識的過程之中，對小我的自我壓抑不能免除的現象。在此出現了兩種自我壓抑模式的演變。如他所自述，早期的自我壓抑出自於一種社會環境的壓力，或一種無法滿足的情感認可。李登輝分析自己的時候就提到，他每次與同儕發展出情感上的聯繫，就又必須遷徙，造成感情關係的不能滿足（《台灣的主張》：36）。這和他在克制自我並邁向大我的進程中受的壓抑，有所銜接，共同譜成一種委屈的心態。這也和他經常內省，要求自己忍耐，好讓內心抗拒的衝動不要太強息息相關（《台灣的主張》：38，40）。後來的自我壓抑已經深植於內心，出現習

慣性的委屈意識，故即使在取得了權力地位之後，並不會因此而消弭自我壓抑的需要。如何讓受壓抑的情感傾向獲得紓解，並將對自我的拒絕，透過對台灣大我的認同來彌補，因而成為他一個生命所寄託的使命（「亞洲的智略」，2000：2），這個使命預設了自我壓抑的延續，他需要這種被壓抑的感覺來控制自幼強烈的自我意識。故即使當了十二年的最高領導人，臨到退職時他仍說：

> 認同的追求，是主導未來台灣政治發展的中心議題……。國民黨曾是「外來政權」，卻是不容否定的事實。我在與已故的司馬遼太郎先生談對台「出生地的悲哀」中的〈生為台灣人的悲哀〉，曾略有觸及。多年來，台灣人民一直為外來政權所支配。直到我們逐步推動民主化，才使台灣人民真正成為國家的主人，也才使「特殊國與國關係」的主張漸臻成熟（「亞洲的智略」，2000：2）。

故造成兩岸衝突的戰略選擇，與皇民化運動留下的對中國的貶抑污衊，都必然與李登輝自己的自我中心傾向揮之不去有所聯繫。故不論是宣稱一個中國、心靈改革、生命共同體、國與國關係，雖然從統獨的立場來看可能缺乏內在一致

性，都是在建構一個可以投射的大我，而且透過這個大我表現出的自我意識，或李登輝詮釋大我意識時的那一股情感強度，都有著李登輝母親所看到的「情感太過豐富」現象。現在，李登輝個人的自我站在他說的台灣人民的立場上，其強度好像獲得了消解，然而又在他為台灣人民找到的共同大我中冒出來。在實踐大我時，他要求自己的和國人的小我不能有任何一點私利（《台灣的主張》：79），李登輝借用了聖經的愛的觀念，來「思考個人與社會的關係，作出具有使命感的決定」（《台灣的主張》：81）──即批判了畏縮的日本，又幫助大我進行對外來政權的抗拒。

假如進行抗拒就是所謂的自我意識表現，在小我李登輝身上與大我台灣生命共同體身上有什麼不同呢？小我李登輝是不在乎肉體死亡的（《台灣的主張》：62），但台灣生命共同體的根本卻恰恰是在「存在」，因此不能以大我的存在當成賭注來從事反抗。李登輝提出的決策風格強調要「務實」，意思是要「迂迴前進，避免直接攻擊」，理由則是避免「將國家導入歧途的危險」，故凡事不必求什麼「收到立竿見影成效的作法」，因為這樣「花的時間反而更長，甚至無法達到目的」（《台灣的主張》：82），他說：

要作出最周全的決策，政治家在面對問題時，絕不能只作直線的思考。政治問題絕無捷徑。思考問題解決的方法，不能只想找出最迅速便捷的途徑。而必須考量各種因素，作最妥善的處理。因此通往目的地最佳之途徑，不見得是直線，有時稍作迂迴，反而更容易解決問題（《台灣的主張》：81）。

但造成迂迴風格的根本因素，應當仍然是在於不能面對自我，李登輝對自我的壓抑是有意識的、經常性的，與他所自覺到的強烈自我並不協調。這個「否定」與「自覺」兩者的共生，在李登輝排除外來政權，採取台灣主體地位的風格中也若隱若現。他曾認真地反對並批評台獨，認為台獨曲解了他的意圖，這其實是他故意對台灣主體意識的壓抑，從而他在論述上才可以將對外來政權的抗拒，與中國文化的新生聯繫起來（《台灣的主張》：78），以免台獨這樣充滿局部性的口號，又重新勾起了每個人追求自我的衝動。換言之，迂迴的風格不完全是對強大外在壓力的反應，而也是對自我控制的一種要求，更是對自我意識壓抑的當然結果，就好像外來的壓力真是如此強大，自己的奉獻真是如此重要，未來的使命真是如此艱鉅。李對主張分離主義的社會力量知之甚

稔,又能同情其立場(「亞洲的智略」,2000：2),但恐怕正
是這種同情造成他的警惕,如果他也投入台獨陣營,他那個
壓抑了數十年的抗拒意識,很可能又將奔放宣洩(《經營大
台灣》：221),因此否認自己在追求台獨,可說是李登輝數
十年來,接受自己是中國人的掙扎的延續:

> 在說到台灣是一個共和國,或者台灣是國際社會的
> 一個實體時,常有人提到一個論點,就是:「台灣
> 人與中國人不同。」但是此一看法並不恰當。因
> 爲,台灣人也是漢民族,與大陸人仍是同文同種。
> 從歷史的角度看,台灣是被中國捨棄,割讓給日本
> ………台灣的認同是極其複雜的問題,並不是建立
> 「台灣共和國」,或宣布台灣獨立,就能解決的
> (「亞洲的智略」,2000：2)。

一言以蔽之,「迂迴」所要逃避的,固然可能是壓抑台
灣主體性的強大外在力量,但恐怕更是李登輝自己對自我的
否定。但在一般印象中,迂迴風格所代表的是李登輝有私
心,不願意被外界發現,所以是李登輝對自己絕對肯定的結
果。上述關於自我肯定與自我否定這兩種詮釋,應當是一體
的兩面(《台灣的主張》：293),因爲李登輝個人的強烈自

我與他所建構的大台灣的自我、存在、主體論述之間，關係
是很複雜而矛盾的。當台灣的主體認同與李個人的自我意識
成為兩個相通的論述時，李登輝必須用一個機制來將它們分
開，如果自我愈受肯定，他就必須將台灣主體看成愈受壓
抑；如果自我愈受壓抑，他就必須將台灣主體認同愈明顯地
加以彰顯。他自己也說：「愛台灣的熱情，在我變化莫測的
人生中，時而燃燒，時而潛沉」（《台灣的主張》：289）。因
此，他可以永遠是委屈的，故他說：「歷史的道路曲折迂
迴，且充滿逆境，但這或許是必要的過程」（《台灣的主
張》：270），則他對自我意識過強的憂慮，就得以在論述上
加以控制。如此一來，迂迴的行事風格與迂迴衝突管理型態
是李登輝人格的內涵，這可以從幾個例子看出來。[1]

三、李登輝的迂迴性格

（一）對李光耀的利用

李登輝與新加坡的交往，就充滿了功利性與臨時性，在
交往的過程中，他覺得不能明白地告知新加坡雙方交往的目
的與意義何在。對新加坡而言，與李登輝交往是繼與蔣經國
交往之後的自然延伸，新加坡總理李光耀與蔣經國的關係非

比尋常，雙方自七〇年代初起就相互支持，當時台北被逐出
聯合國，而李光耀則急於覓地訓練軍隊不可得，故雙方立刻
在互有所需的條件下展開往來，爾後彼此又發展出深厚的私
人情誼，李光耀來台時，蔣經國不但親自接待，往往能擱下
冗務，與李光耀終日會晤，交換心得，而李光耀也經由與台
灣高層的關係，逐漸體會出不同於以往的一種對中華文化的
認識。蓋李過去受英式高等教育，對於中華文化的領略之角
度，深受僑民社會與英國學術的影響。在台灣，他掌握到了
一個由中華文化內部來省思中華文化的立場，令他十分感
動，爾後他所提出的亞洲價值論深受這一段與台灣交往的歷
史所影響，自不待言，因此他對於台灣是有很大感情的。

　　李登輝繼任之後，亟思在外交上走出北京的封鎖，因此
一上任就安排出訪，新加坡成為理所當然的第一站（「亞洲
的智略」，2000：2），因為新加坡願意幫助台灣，並接受李
登輝以總統的名義往訪，稱呼他為「來自台灣的總統」，李
登輝則以「雖不滿意，但可以接受」的態度欣然接受這個稱
號。新加坡無意協助台灣追求獨立，因此之所以會伸出援
手，也是相信李登輝能走出國、共內戰的陰影，重新開啓兩
岸關係。同樣的道理又促成新加坡提供兩岸高層在一九九二
年的辜汪會談場所，成為兩岸關係的重大突破功臣。這兩次

事件的發展，奠定了李登輝以務實外交與兩岸關係爲核心的
十二年統治基礎。

　　辜汪會談結束之後，李登輝與李光耀的關係漸行漸遠，
對李登輝而言，李光耀可以產生的作用已經到此爲止，台北
下一步是要向北京爭取平等的國際主權地位。隨著亞洲價值
的提出與李登輝做爲亞洲民主先生的封號出現，兩人之間出
現了對立，李登輝多次批評李光耀獨裁，嘲弄亞洲價值，益
加令人感到他早先對李光耀的態度，是一種便宜行事的迂迴
手段，李光耀不是朋友，只是工具。事實上，李登輝的親信
蘇志誠就透露這種心態，他認爲李光耀對九三年辜汪會談的
促成沒有功勞，因爲這個會議是由雙方密使所策動，李光耀
不知情，故也稱不上什麼功勞。[2]

　　在李登輝的構想中，李光耀原本只是可以協助台灣彰顯
主權的益友，在李光耀醉心於亞洲價值的時候，李登輝毅然
將李光耀的身分貶低，可以看出李登輝意志的果決。他從來
沒有把台灣主體性的想法完整地告訴李光耀，李光耀當然不
知道，務實外交的根本前提是要協助台灣脫離所謂落後封建
的中國文化，迂迴的李登輝也不會告訴他。

（二）密使事件

　　在李登輝卸任之後不久，爆發了所謂的密使事件，即李

登輝曾多次派遣親信蘇志誠與鄭淑敏前往香港與大陸，和大陸派出的包括汪道涵與曾慶紅等中國大陸對台政策的高層會晤，居中牽線的則是知名居士南懷瑾。在幾次會晤中，雙方曾經相互探詢對方的意願，並成功醞釀出一九九三年的辜汪會談。兩岸密使的往來在一九九三年之後持續保持接觸，即使在一九九六年飛彈危機期間竟仍維持不輟。[3] 故密使事件在日後曝光後，確實引起相當震撼，在網路上引起了對兩岸高層尖銳的批評，多數人感覺北京領導受到了李登輝的欺騙，這種感覺重複了李光耀對李登輝的感覺，李光耀在對台灣提供建議時，宣稱自己被「灼傷了耳朵」。[4] 其實北京高層在密使溝通的經驗中有的受騙感，和李光耀有可比擬之處，都以為李登輝的談判風格無異於蔣經國，因此沒有察覺李登輝代表的是迥然不同的文化（後殖民文化）、性格（自戀人格）、意識形態（台灣主體意識）。

　　兩蔣時代台北與大陸的關係和李登輝理解的不同。兩蔣來自大陸，受到內戰意識的制約，和北京處在一種微妙的衝突合作關係中，他們彼此之間不共戴天，相互爭奪中國的正統，但爭奪行為的前提是兩岸處於一個中國的範圍，故正統只能有一個，不能分享。即使兩岸領導相互防備對方的滲透，然而仍能透過各種訊號的釋放，讓對方瞭解到一個中國

的前提並未變動，這種訊號在第一代領導人仙逝之後依然不
斷，包括北京方面的葉九條、鄧六條，廖承志致蔣經國書；
而台北方面則有三不政策、宋美齡致廖承志書、開放探親
等。換言之，雙方在完全無法直接溝通而且敵對的情況之
下，仍試圖讓對方瞭解政策底線不變，一個中國原則仍有
效。

　　李登輝不但沒有參與內戰，甚且還曾效忠日本天皇，在
抗日戰爭期間銜命於砲兵部隊。當李登輝面對中國大陸時，
採用了他習以為常的迂迴政策，因此在密使溝通之中，他要
求北京多給他一些時間，因為他必須鞏固內部，處理反共將
領郝柏村之後，才能拓展兩岸關係，[5] 北京不察李登輝只是
在超越內戰架構，並非追求統一，密使所爭取的時間，是要
用來發揚台灣主體意識用的，不是用來整肅反共派，清除兩
岸和解障礙用的。如果用打牌作類比，蔣經國與北京是在打
橋牌，故想方設法讓對方在不能與自己溝通的情況下，不要
發生誤判，瞭解自己的底牌，因此隔絕中仍有默契，有誠
意。李登輝則是在與北京打梭哈，目的是在混淆對方的視
線，使之完全不能掌握自己的底牌。當北京以為在與李登輝
打橋牌時，打梭哈的李登輝當然就在談判信息上取得了絕對
優勢。

　　換言之，對李登輝來說，密使並非密使，因爲他無意經
由密使的活動，來建立兩岸之間的默契，而是藉由密使活動
迂迴地推動台灣與大陸對等的主體地位。李登輝對北京提出
以一國兩制解決兩岸問題特別敏感而不滿，但密使管道卻沒
有用來表達這方面的關切，相反地卻是被用來釋放不實的和
解訊息，雖然這並不表示李登輝刻意要與北京衝突，但他顯
然並不在意在後來台灣主權訴求益加明確之後，北京會有什
麼感覺。他未必是要欺騙北京，但並不在乎北京有受騙的印
象，因爲他的目的清晰，使命感超強，在在反映了他自己說
要有理想，爲社會著想，並拒絕自我的情感衝動。故北京充
其量成了一個建立台灣主體意識的絆腳石，跨過它是最重要
的。北京如果有受騙感，多少是不瞭解李登輝迂迴的人格所
致。

（三）第二共和

　　即使在對內的改革中，李登輝也是極其迂迴的。在一九
九〇年發動修憲時，李登輝仍在各個場合宣示一個中國原
則，接連兩年中，修憲如火如荼地進行，而國家統一委員會
也通過了關於一個中國原則的解釋，宣告「海峽兩岸均堅持
一個中國原則」。故當他後來否認自己說過一個中國原則的

時候，引起了外界的驚異與批評。[6] 到了一九九九年他向德國媒體發布兩岸是國與國關係的時候，具體說明了他認為一九九一年之後，中華民國已經進入第二共和（「亞洲的智略」，2000：2）。理由是，台灣的總統確定將由本地民選產生。事實上，台灣民選總統的憲法修正案是到一九九三年才正式通過，然而李登輝顯然在一九九一年已經放棄了一個中國原則。故他所謂的一個中國原則，是用來說給當時修憲的國大代表聽的，否則他們很可能不會同意他修憲。故他後來表示他沒有主張一個中國乃是實話，倒是早先他宣讀文胆寫的「一個中國」時，並非出自肺腑，而是迂迴地在營建第二共和，故必須讓仍然擁有相當反台獨力量的國民大會，先放鬆警戒，才有可能成功。

在這些行動中，李登輝有很深的戒心，比如他一直認為郝柏村想控制軍權來對付他（「亞洲的智略」，2000：2），所以他小心翼翼地不讓外界察覺他為台灣第二共和催生的理想主義。在與司馬遼太郎對話之中透露出，他事實上對於自己的謹慎小心頗為自得，因為即使他所推崇的蔣經國，都沒有注意到他的心情（〈生為台灣人的悲哀〉，1994：3）。由於有一種自持的長遠眼光，這使他敢於放棄一時之爭，而寧願先行妥協來保留元氣（「亞洲的智略」，2000：2），等待更為適當的時

機再出手，但這代表了某種形式的壓抑，也是他所說的「生為台灣人的悲哀」的重要緣由。中嶋嶺雄與他對話說：

> 身為國民黨主席，為了推動台灣政治的民主化與本
> 土化，也必須與國民黨內部的反動勢力進行鬥爭。
> 如果沒有充分運用擁有兩百四十萬黨員與龐大政治
> 資源的國民黨力量，台灣的民主化工程根本不可能
> 推動。
> 這十二年來，我就這樣一方面掌握充滿矛盾的黨內
> 情勢，推動民主化，同時防杜威權體制的重新出
> 現。可以說是在不斷進行的激烈鬥爭中孤軍奮戰
> （「亞洲的智略」，2000：2）。

在一九九六年競選總統期間，李登輝在美國媒體上表示選後在兩岸關係上會有進展，但事後卻宣布「戒急用忍」；在一九九五年發表李六條，認可「民族文化」之後才幾週，李登輝成功動員並宣布要訪問美國；在一九九二年台北表示自己應當有權利加入經濟有關的國際組織後，一九九三年即開始推動參與政治性極強的聯合國。外界的印象是李登輝反反覆覆，但這並不能說是他心存欺騙，而應當說是他對自我極度壓抑的結果；所以從來不存在個人層面的誠意問題，只

存在集體或大我的理想追求，且目的可以為手段取得正當
性；所以他總是用理想來衡量對錯，而不是用誠實來衡量對
錯，蓋世界上只有一種誠實，就是對理想的誠實。

（四）兩國論

李登輝生涯的最後一個高潮，是在原訂一九九九年秋汪
道涵來台之前，宣布兩岸是屬於國與國關係，不僅汪道涵因
此而決定取消行程，更引起美國各界的注意與不滿。不滿的
原因未必是不同意兩國論，而是李登輝沒有事前知會。和過
去一向以迂迴方式進行台灣主體地位建立的努力相比，兩國
論又是一次在兩岸辜汪會談前出現，讓北京措手不及。照李
登輝的估算，一旦他宣稱了兩國論之後，汪道涵來時就不怕
他會矮化台灣，可以主動與他探討兩岸間的政治安排。看來
兩國論宣布的時間早了一些，才給汪道涵充分的時間考慮之
後，再做出取消的決定，反而使得和北京探討兩國對等關係
的期盼，不能得到實踐的機會。

李登輝事後回憶兩國論的緣起，證明他是因為擔心台灣
的存在不能獲得認可，才感到必須加以澄清的必要。兩國論
的背景是，美國與中國大陸最高領導人的連番會晤，與美方
以口頭方式明述反對台獨、一中一台、兩個中國，或台灣加

入以國家為單位的國際組織，因此李登輝才會覺得台灣的存在受到了威脅。但更重要的背景，是中國大陸五十周年國慶的將至，李登輝怕中國大陸屆時在全世界面前宣布台灣是中國的一部分，他說：

> 如果我們不提出辯駁，台灣就會被逼進死角，難以生存。一九九九年十月一日，中華人民共和國建國五十周年紀念，是全球矚目的慶典。如果中國大陸在全世界面前宣布「台灣是中國的一個地方政府」，台灣的發展，就將面臨嚴酷的挑戰。因此，就必須由我明白表示：「兩岸關係是國與國的關係，至少是特殊的國與國關係。」由歷史、政治、國際法等方面的事實，來確立台灣與大陸的關係。誠然，我的談話似乎是「飛躍式」的主張，但也有其深厚的立論基礎（「亞洲的智略」，2000：2）。

李登輝九五年訪美之前或對德國媒體宣告兩國論時，並沒有透過密使傳達關切，請北京不要在國慶上羞辱台灣，其中重要的心理因素在於，這些是他真的想法，因此不能透露，不宜直接追求，只有自己並不認真追求的價值，才可以告知對方。在達到具體目標的最後階段來臨前，李登輝不會

讓對手瞭解自己真實的目標，而且當這個目標揭露之後，他
不會明白地讓自己成為這個目標的受益者。此之謂迂迴。

四、陳水扁的人格特質

(一) 依賴勝負標準的需要

　　李登輝卸任之後，由陳水扁繼任。陳的求勝意志強烈，
自幼都在各項競爭之中名列最優，他本人也對此頗為自覺。
除了在從政生涯稍早，曾敗選過台南市市長，他參選公職始
終無往不利，唯一的例外是一九九八年的台北市長競選連任
時，敗給過馬英九。對於這件事陳也耿耿於懷。在他落選後
尋求參選總統順利得勝甫就任三個月，就因為各項人事與政
策爭議與馬英九多次對立，他則公開批評馬英九不應該仍將
他當成戰敗者，他也已經認輸，並告誡馬英九不要再針對自
己進行杯葛，否則台北市長也會很難做下去（陳凭、楊瑞
蘋、陳明旺，2000）。他對馬英九的批評也許正確，不過，
他也揭示了他自己評斷與馬的關係時，其起點恰恰是馬英九
是唯一曾經打敗過他的人，而且相信馬總是在故意提醒他上
次的敗選。這個與他人比較爭勝的生涯，可以說是陳水扁政
治風格的最主要特點。

　　爭勝的行為有一個前提，即勝負的標準何在必須明確。陳水扁從在學校考試得第一名，一直到總統當選為止，鮮少扮演一個提出勝負標準何在的角色，而一向是在社會既有的標準之下，或其他人在挑戰他時所提出的標準之下，證明自己絕不比別人差。他自己多次公開期許並且推介自己是「做什麼像什麼」（陳盛山，2000）。由於他經常性地以這個能力來標榜自己，不得不令人相信，陳水扁並無意願為他所從事的工作，或正在爭取的職位，提供屬於有他個人特色的詮釋。「做什麼像什麼」已經成為陳水扁的一個人格論述，其前提是陳水扁只想要滿足人們心中對一個職位或任務的既定印象，而不打算改變之。這並不表示，他真的完全接受既有的標準，或完全不會在取得職位後有所興革，而是代表陳水扁在心態上放棄從論述上來為自己訂標準。這個保守的人格特色強化了他對與人爭勝的重視，弱化了他對政策立場的重視。

　　當陳水扁努力在各項既定的評價標準或政策立場上證明自己能力的時候，難免因為這些標準之間或立場之間有歧異，出現在言論上的不一致。早期他所競選的職位是市議員或立法委員，選票訴求的對象明確，比較不會在言行上為求滿足太多元的支持者而捉襟見肘。但等後來競逐台北市長與

總統時，不但在競選時要滿足的選民組成結構複雜，等當選之後所要服務的對象更是紛繁龐亂，則陳水扁言行中就出現外界多次質疑的善變印象。對陳水扁最大的挑戰，並不是來自於立場上看似多變的問題，而是他作為像市長或總統這樣的角色，並沒有人與他同台爭勝，他過去可以與其他的市議員或立法委員比賽優劣，也可以與他所監督質詢的官員比口才，比資料，比權力，但自從一九九四年任台北市長起，比賽的對手不明確了，他甚至與整個市議會的議員都相處不好，因為市議會成為他勉強可相互爭勝的唯一對手。

陳水扁的政治人格引導他重視眼前立即的爭勝效果，而對長遠的政策趨勢失去掌握的位置，也對於不同政策之間的比較缺乏敏感度。在擔任行政領導時，並不是所有政策議題上的評斷標準都清楚明白，陳水扁的性格使他刻意迴避對政策立場上的哲學探討，造成他的政策選擇幾乎完全是依據權力關係來決定。這是為什麼陳水扁也避免公開的政策諮詢，因為他缺乏一個哲學上的基礎來判斷、仲裁專業語言充斥的政策爭議。對他的決策的不同意見，幾乎必然被等同於對他領導地位的挑戰，畢竟他自己也不致於非執著於任何特定立場，則對陳水扁而言，別人只可能是想藉機會反對他的人，而不是他的政策。

（二）作為權力競逐的政策爭議

　　陳水扁就任半年之後，因為核能第四電廠的興廢問題，引起在野黨罷免之議。他當然不會希望有人對他提罷免案，但有趣的是，他面臨罷免議題所引起的政治危機時，相較於他在核四、兩岸、公娼、財政劃分等政策爭議中的言行舉止，表現沉穩得多。其中的原因就在於，政治爭勝是從政多年的他所熟悉的戰場，但政策爭議中那種往返論證，則與他的性向不符合。結果造化弄人，他在核四政策爭議上的智略不足，卻矛盾地將他帶回了自己所專擅的政治爭勝遊戲中。在可能被在野黨提交罷免案的陰影中，他即使不是如魚得水，起碼也是攻守有節，步步為營，反而有些他的對手還出現陣腳大亂。

　　政治爭勝與政策爭議有幾個大不同。首先，政治爭勝的對象是人，敵我分明，不必講什麼大道理，不須守什麼倫理規範，只重視爭勝技術；而政策爭議的對象是資源的分配，除了比宣傳，還要比專業素養。其次，每一回政治爭勝都有個終點，一般都來不及考慮長遠問題，故有無謀略比能否執著更為關鍵；政策爭議則涉及中長程的規劃，因此有無眼光比有無手段更為重要。再其次，政治爭勝不靠哲學思辨或道

德意識；但在政策爭議中這些都不可迴避；最後，政治爭勝
的勝負標準明確，即看誰的權力大；但政策爭議的勝負標準
模糊，且戰線經常無限延長。

　　到底一個人會更好地融入政治爭勝或政策爭議，不是一
個智商的問題，而是一個性向的問題，因而關乎當事人的內
在需要。至於陳總統的內在需要是權力還是理念，一般早有
定論。同時，人們會下意識地在自己不熟悉的戰鬥領域中故
意失敗，以求得機會轉戰於自己熟悉的戰鬥領域。最好的一
對例子就是陳水扁與許信良，他們心中似乎都有一種局部性
的失敗主義。前者逃避政策爭論，並在這方面逐漸失去自
信，總把別人不同的政治主張當成是權力鬥爭；而後者對自
己在權力競逐中的連番失利，則每每表現出近乎享受的情
緒，恐怕也只有這樣，他才可以回到自己最拿手的政策論證
中發揮。

　　陳總統目前的爭勝目標明確，一是讓大家覺得他是有誠
意的人，二是讓大家承認他是最高權力中心。為達到第一個
目標，他曾向連戰與全國觀眾鞠躬道歉，化解百姓對他專斷
的印象；為達到第二個目標，他向大家宣布他對五二○以來
的所有一切負全部責任，於是等於讓作為全國最高行政機構
的行政院臣服於他。在這些行動之中，沒有政策爭議，只有

權力競逐，他的性向導致他在這方面會拼死不讓。但如果在野黨夠狠，說不定將計就計，放他一馬，他恐怕就只能回到政策領域中，那時幾乎肯定又會捉襟見肘，疲於應付。

在野黨所曾傳出要提罷免案，這對陳總統的意義是複雜的，他在核四政策上缺乏耐性，易怒易驚，抱怨不斷，忽然，出乎意外地他進入了所專擅的政治爭勝擂台，雖然不快樂，但也獲得了自己能夠掌控的奮鬥目標，心情反而顯得安定許多。假如他輸了的話，就可以繼續逃避政策問題，而且爾後鬥爭目標繼續明確，手段謀略也都很熟悉；更可能的是，他既然贏了，打消罷免案的提出，則又回到令他不安、方向不明、標準模糊的政策環境中。簡言之，他下意識的權力需要常與他當前的鬥爭目標是相牴觸的。

五、權力需要不能獲得滿足的憲政後果

政府與人民之關係如何規範，是憲政主義之重點。憲政主義的目的是限制權力，權力受剝奪意識強的人卻要求集中權力，這是後殖民社會推動憲政時難解的矛盾。台灣自二○○○年總統大選換黨入主總統府後，又再一次證明了這個觀念。陳水扁總統所行使的憲政經驗，恰恰就是如何創造權力來證明自己已經不受壓迫的過程，在這一點上，他與李登輝

總統就任後的最初幾年相比，雖然環境（制度條件、社會情緒、憲政生態、世界形勢）已經大不相同，以個人權力為核心的思考則相同。可是，李總統在爭權的進程中有效地創造、動員、斬獲人民的力量；而陳總統卻在起步的第一年就疏離、遺忘、消解人民作為一個有用的概念。從長遠看，李總統的「民粹替代」策略未必有助於健康的政治發展，故民粹氣燄的鬆弛並非壞事，但像陳總統那樣失去觀念依據，而將人民這個概念空洞化的現象，亦非福音。

陳總統自己也有一種正在失去人民的感覺，不過這個感覺恐怕是虛擬的，因為先前李總統對人民是不是真的掌握，由陳總統當選三年後的經驗來回答，是要打問號的。自二○○○年總統大選以降率先前往大陸開拓兩岸政治關係的人，不少是李總統任內堅持反華立場，反對一個中國，絕口不提自己中國人身分的國民黨內高層擁蠆，顯示國民黨幹部過去不是真心、一致、持久的反華。同理，陸續被媒體揭露的還包括：支持民進黨的企業鉅子、長老在大陸投資早就數以億計；曾圍繞李總統同仇敵愾的選民，紛紛往大陸置產、遷徙，僅大上海一地粗估就超過三十萬；大陸新娘在台灣受到人道歧視待遇的問題，自自然然浮上枱面，沒有引起統獨爭議；因日本軍國主義漫畫家而鬧的沸沸揚揚的分離主義宣

傳，沒有刺激出太多統派，所掀起的媒體關注證明爲一時的泡沫；就是奉李總統爲精神領袖的台聯黨，在發動反對晶圓廠赴大陸投資的萬人大遊行時，也只徵得不足千人同行。可見，當年李總統身邊廣大的人民不是人民，而是政治論述操弄下烏合的民氣。

陳總統對於人民的潰散感受不佳，爲什麼他就得不到李總統那樣的光環？這個感覺和李總統就任之初當時對國民黨領導階層的感覺一樣，質問從政同志爲什麼不能像效忠蔣總統那樣效忠他？李總統的策略是，把舊的國民黨大老描述成是外來政權，從而使彼等淪爲中國大陸同路人的潛在對象。國民黨作爲外來政權所象徵的壓迫，就與幾十年來人民習以爲常的反共意識結合起來。一種遭到不當壓迫與剝奪的憤怒蔓延開來，就只能央求主張本土化、台灣化的李總統給予治療。簡言之，內奸與外敵在論述上的共謀，塑造了爲本土領袖擴權的民氣，此何以李總統可以繞過既有憲政體制，贏取全民支持，再由他們共同爲總統增加憲政上的權力，使李總統能不能進一步得到其他政治人物的臣服，自動向他上繳權力，就變成改革成不成功，台灣能不能出頭，內奸外敵會不會坐大的判斷標準。李總統的權力大大超越了憲法上賦予總統的權力，自不待言，但這使陳總統對自己權力的期盼，有

了不準確的參考依據。

陳總統也想學習李總統那樣，將政治上反對他的力量，說成是與中國大陸相結合的內奸，但不完全成功，原因很多，也很複雜。首先，陳總統在就職演說時宣稱台灣人民站起來了，對照他作為台獨支持者，在中國大陸威脅下當選，他的勝利比起一九九六年李總統在飛彈試射的威脅下當選，更具說服力，因為李總統當選時畢竟仍是國民黨主席，甚至還狠狠地擊敗露骨宣揚台獨的民進黨候選人彭明敏，故在西元二○○○年以前，台灣化的感覺並不很徹底。現在人民既然響徹雲霄地站了起來，那種權力遭剝奪的意識煙消雲散，以致於陳總統本人權力的大小，並不能再當成本土化、出頭、反華成敗的主要標準。

問題是，陳總統自己仍然是在用這個標準，因為他深刻知道，在受到美國人的強力指導介入，中國大陸的隔海恫嚇，與在野黨的掣肘之際，掌權的興奮無法穩定而持久，所以他還留在努力奪權的心態中。然而，與他慾望相左的勢力當中，美國人是他不敢惹的，而美國人也不讓他盡情對抗中國大陸，剛好加上美國人卻反對在野黨不與陳總統配合，所以陳總統拿在野黨當他的權力鬥爭的對象理所當然。可是在野黨不再是舊國民黨的非主流，把他們說成是外來政權不符

直覺,反而讓人民覺得民進黨泛政治化,於是造成民進黨高層與陳總統十分沮喪。

　　沮喪的情感傾向歷來是制約憲政主義的重要因素,在權力剝奪感強烈但民間缺乏因應的情況下,凡是失去民粹支持的擴權手段都直接受到非憲的質疑。比如在核四爭議中,行政院的意見竟然是,立法院決議對自己無拘束力!總統府更巧立名目跨出憲政架構,召開首長早餐會、軍事會報、財經擴大會議、行政高層會議、全國經濟發展會議等等,從而確保憲法上沒有行政權的總統時時有介入的能力。影響所及,內閣閣員不以閣揆爲閣揆,甚至因爲不能預估陳總統介入時機,而失去決策的方向,更增加陳總統介入的頻率與深度,卻又因爲總統無法直接指揮部會,形成部會失去領導,失去工作動力,欠缺績效,讓黨政高層誤以爲部會成員都是支持舊政府的臥底者,無力感充斥心中。

　　之後,陳總統乾脆任命非專業人士出任閣員,益使行政院施政品質向下沉淪。陳總統自認民選總統理當有權的看法實與李總統雷同,但李總統的權力來自人民集體受剝奪的臨時記憶,這個記憶在台灣之子率領他們衝破壓迫的喧囂中已經沒有意義了,甚至再去提它還會引起不安,畢竟人們回首當時接受動員,不少自覺激情過度,且何必還要困擾自己,

重返那個權力遭剝奪的虛擬中？而且，就算人們仍感無力與焦慮，也不可能從一位對美國言聽計從，對北京不便吭聲，只敢對在野黨發火的領袖身上得到治療。簡言之，人民對權力的集體需求大不如前，陳總統作爲萬能領袖創造人民權力意志的性格與條件都不存在。

所以，訴諸人民似乎不適用了，這時剩下唯一的道路是向人民攤牌，向在野黨攤牌。核四爭議就是爲了鞏固權力而進行的憲政政變，但在野黨看準陳總統的道德號召力不足，故拒不相讓，所以陳總統並沒有成功，這進一步斲傷他的號召力。向人民攤牌的行動則以陸委會爲首發動，再度祭出國家安全的理由，要求從事兩岸民間交流的人，必須在訂定的指標範圍內活動。陸委會用的理由是要建立台灣主體性，等於間接指控從事交流的人破壞了主體性。這個向人民爭權的行動適逢美、共軍機擦撞事件與美國高分貝軍售台灣，特別有利於總統將兩岸關係再度政治化，把關於兩岸交流的論述主導權從民間收回，因此又容易造成民間對政府益加疏離的態度，八寸晶圓廠赴大陸投資案引發社會爭議，陸委會與陳總統並未因此重新聚集民氣。

不但陳總統向人民爭不到權力，甚至人民還回頭向陳總統要權利。人民爭的不是憲法上的決策之權力，而是生活

權，也就是覺得，認爲自己無權的陳總統，與自覺無責任的
政府，傷害了他們的權利。呂副總統屢次將責任歸諸於往大
陸投資的商人，指爲資敵，但效果不彰，更多的人覺得到大
陸發展是合理的生涯規劃，兩岸聯姻的頻率大增，反華氣氛
難以凝聚，願意接受兩岸達致某種政治統合的人數比例激
增，剩下少數極獨與極統的人還在反華與批判反華的對抗中
相互維持。有的人民對生活失去期盼，造成大量沮喪情緒。
這個沮喪與李總統執政後半期營造的生爲台灣人的悲哀感不
同，前者是一種勝利之後卻一無所獲的淒涼。李總統執政後
半期的六年中，社會上近親相殺的事件占據每週的媒體頭
條，但陳總統在位近三年內，各種自殺與家庭集體自殺的案
件取而代之。若是相殺的人，他們起碼還找尋代罪羔羊，而
自殺的人則顯示連找尋代罪羔羊的意願都不存在，此之謂哀
莫大於心死。在我國文化中，這種自殺、移民的行爲標誌著
對環境與對統治者的唾棄，而且是最極端形式的唾棄。

　　舉世豔羨的台灣民主奇蹟論述已然鬆動，因爲內奸與外
敵的聯繫疲軟了，沒有憲法權力的陳總統失去了民氣，怎能
像前人那樣呼風喚雨呢？這時第一個遭到揭露的就是虛假的
憲政主義，自前國民黨以降，政治領袖從不具備運作憲政主
義的人格形態，他們靠著人民的擁戴威懾住了憲法設計中原

本應該制衡他們的人。矛盾的是，陳總統入主總統府以來，受全民愛戴的領袖不復存在，不能出頭的悲情也消散了，權力飢渴的領袖四出覓權，赤裸裸地將假的憲政主義掀開給公眾認識，造成部會無軌可依，人民無市可養。限制權力的憲政主義碰到權力飢渴的領袖，毀憲的行動必然會一一上演。

六、結論：人格與政策風格

與李登輝相比較的話，陳水扁的政策目標意識明顯地比李登輝薄弱很多（「亞洲的智略」，2000：2），但卻對於人際權力爭勝的需求超越李登輝甚多。李登輝至今也並未對主宰他的蔣經國口出惡言，也對和他爭勝的郝柏村不聞不問。李登輝固然對如李光耀或其他前國民黨高層等有助於他的人不曾感恩，甚或割袍斷義，卻也沒有表現出有仇必報的心態。相較於此，當年曾判陳水扁入獄的法官，在陳水扁就任市長後就以違章理由受到立即處分。換言之，李登輝對於人際權力關係上的短暫失敗能夠容忍，但對政策目標的妥協則難以忍受；陳水扁則對人際權力尊卑關係的明確十分仰賴，但對於政策立場上的堅持則缺乏動機。

陳水扁管理兩岸關係的風格也與李登輝不同，他的問題不在於理想主義受到壓抑，而必須經由迂迴手段來完成；他

的問題是他亟欲滿足人們加諸於他的政策期待，卻因為有太多他必須滿足的標準而無所適從。[7] 這些標準包括李登輝的理想主義、台獨基本教義派的建國主張、華盛頓對台海和平的規定、北京對一個中國原則的強烈期盼、選民對安定、安全、安心的渴望。由於缺乏強烈的理想主義與哲學位置，陳水扁當然不致於表現出李登輝推動兩國論的膽識，但李登輝、台獨長輩顧問群、華盛頓都是他視為理所當然的標準訂定者，不能忤逆任一，而他們對於如何追求台灣獨立地位，和什麼叫做獨立地位的主張不盡相同。

　　李登輝對自己自我意識太強而有所警惕，陳水扁對人際權力爭勝執著而對政策立場失去敏感，構成兩種管理兩岸關係的風格。李登輝的政治人格近乎一般政治人格中的自戀人格，而陳水扁似乎更趨同於權威人格。李登輝的自我意識是透過一種對外在的抗拒來完成的，為了控制自我意識的無限蔓延，他將自我意識投射到一個理想主義的台灣主體意識與主體認同上，並發展出一套不斷抗拒的政策風格，於是就為兩岸衝突建立了一個基礎。在對自我做出刻意的貶抑與對台灣主體的悲情中，他需要獨特的迂迴戰術與堅定的政策目標，並努力隱藏這個政策意圖。相形之下，陳水扁企盼明確的評價標準不可得，因此在兩岸政策上缺乏一致性，並將外

界對政策的挑戰理解成為對他個人領導地位的抗拒,從而排除了長遠政策目標或哲學立場的孕育。[8]

註釋

[1] 同樣的迂迴性格也在日本政治文化中有，比如日本人喜歡偷襲，一方面派人談判，一方面攻其不備。如甲午戰爭、日俄戰爭、珍珠港事變、釣魚台事件、台日斷交等。

[2] 〈蘇志誠：曾任密使，去談過九次的好幾倍〉，《中國時報》（2000.7.20）：2。

[3] 〈鄭淑敏：李江熱線窗口，直到李卸任前〉，《中國時報》（2000.7.20）：2。

[4] 〈李光耀的台灣行和兩岸情〉，《明日報》（2000.9.23），http://www.ttimes.com.tw/2000/09/23/1/mainland_tai-wan/200009230218.html。

[5] 〈蘇志誠與中國大陸代表九會香港〉，《中國時報》（2000.7.19）：3。

[6] 根據革命實踐研究院主任魏鏞回憶，他將這些紀錄出示給李登輝看，李對他說：「震宇，你退步了。」（震宇係魏的字號）。魏引的談話，載於《經營大台灣》（2000：58）。

[7] 見張瑞昌（2000）製表。

時間	媒體	專訪重點摘要	備註
二〇〇〇年九月二日	美國紐約時報	・統一不是唯一的原則。	・跨黨派小組召開第一次會議。
二〇〇〇年九月十五日	英國金融時報	・兩岸關係正常化必從經貿關係正常化開始。 ・兩岸若能復談，台北可能在今年底前同意通航。	・李光耀證實將於數週後訪問台灣，會見陳水扁。
二〇〇〇年九月二十二日	美國有線電視新聞網（CNN）	・遲遲未能擔任國統會主委，係因國統會將統一列為唯一的選項，這是違反民主自由的原則。 ・身為國家領導人，不能排斥了統一、獨立，還有其他選項的可能性。	・陳水扁稱，新政府已開始檢討對大陸經貿政策，包括「大三通」在內。
二〇〇〇年九月二十九日	日本讀賣新聞	・盼兩岸高層重開會談，隨時歡迎汪道涵來訪。 ・如果「門戶不開，就等到它開為止」（借用德川家康之語回應兩岸復談僵局）。 ・盼中共改變「北風政策」，實行南韓金大中促使兩岸和解的「陽光政策」。	・正計畫「小三通」，盼兩岸年底加入WTO。 ・在「安全」前提下，以「民間對話」與「經濟」二主軸改善兩岸關係。
二〇〇〇年十月五日	美國華盛頓郵報	・有信心處理當前政治不穩定所造成的「暫時的疑慮」（回應股市重挫及唐飛請辭等問題）。 ・「全民政府」沒有失敗。 ・注意中共先分化後吞併的策略，應強化內部團結，建立危機意識。	・張俊雄公布內閣人事。

時間	媒體	專訪重點摘要	備註
二〇〇〇年十月六日	法國費加洛報	・台灣不能成爲第二個香港。 ・坦承就選期間發表的政見與就職演說內容有出入。 ・解決兩岸問題需從現在開始接觸。 ・主張依92年談判的基礎努力尋求未來「一個中國」的定義。	・陳水扁於雙十國慶發表談話，強調「台灣精神」。 ・陳水扁呼籲兩岸重回「九二年精神」。
二〇〇〇年十月十六日	德國明鏡週刊	・中共的武嚇只會讓雙方關係越來越遠。 ・以作爲「華人」爲榮、爲傲（中央社最先翻譯外電爲「中國人」）。 ・由李遠哲院長主持的跨黨派小組最後共識與結論，一定是未來推動兩岸關係的重要參考依據（中央社最先譯爲「將爲統一問題提出明確的建議」）。	・總統府首度發布新聞稿，澄清外國媒體專訪內容。

[8] 見王銘義（2000.6.29：2）製表。

時間	內容
一九九七年市長卸任演說	只要北京當局仍然否定台灣的政治地位，仍然堅持以中央自居的「一個中國」，兩岸僵局就難以轉圜。
民進黨台灣前途決議文	台灣應揚棄「一個中國」主張，以避免國際社會的認知混淆，授予中國併吞的藉口。
一九九九年七月回應兩國論	既然台灣、中國是兩國關係，憲法上的國家固有領土和疆域理應配合修正，將台灣定位爲政治實體的國統綱領，亦必須揚棄。

時間	內容
二〇〇〇年一月回應江八點	如果「一個中國」不是僵化的前提，在和平對等的氣氛下，可以就此議題協商。台灣目前內部的民意，很清楚的是不能接受「一個中國」、「一國兩制」，兩岸領導人應予以尊重。
二〇〇〇年二月回應中國一個中國原則白皮書	質疑連戰自李登輝的兩國論撤退質疑連戰是否要在一個中國原則下與中國重返談判桌，質疑連戰重提「一個中國各自表述」否定過去八年台灣人民的努力，讓兩岸關係倒退八年。
二〇〇〇年三月當選後	「一個中國」只要不是原則，都可以坐下來談，但不能接受一個中國原則等條件下，與對岸進行談判。
二〇〇〇年四月	只要一中不是原則，聯邦、邦聯、國協都可以談。
五二〇就職演說	兩岸領導人秉持民主對等原則，在既有的基礎上以善意營造合作的條件，共同處理未來「一個中國」的問題。
二〇〇〇年六月	兩岸對「一個中國」或「一個中國，各自表述」所謂有共識的說法，是各說各話。處理未來「一個中國」問題並不僅是台灣一方的責任，更是海峽兩岸雙方共同的責任。
六二〇記者會演說	兩岸共同努力，找出雙方都可以接受的一個中國的涵義。九二年如果有共識，是一個中國，各自以口頭表述的共識。
二〇〇〇年六月廿七日	新政府願意接受海基、海協兩會之前會談的共識，那就是「一個中國，各自表述」，但大陸方面卻不承認，另提一中政策。

第三篇　身分論述

第五章

個體與群體——
中山學説中的文化發展風格

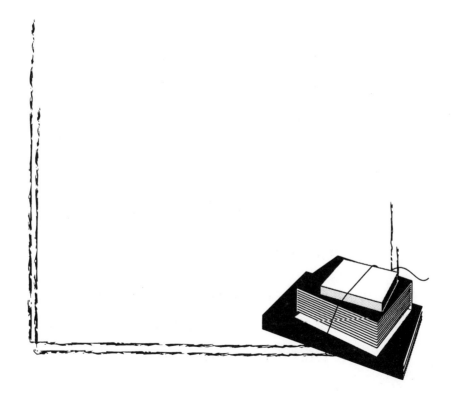

一、前言

　　不論是在台灣還是在大陸，傳統文化均遭受著無比的挑戰。在經歷了生產大躍進到文化大革命的反傳統運動與改革開放所引發的官倒腐敗之後，大陸學界在八○年代中以後掀起了至今未艾的文化反思熱潮。毛澤東的一段名言——從孔夫子到孫中山都應該總結、繼承這份珍貴的遺產——被不斷地引述（陽友權，1989：45）。在海峽這一岸的台灣則目睹了高速經濟發展與隨之湧現的多元結構，使傳統的社會道德觀逐漸瓦解，國家發展方向與立國精神混沌不明。政治領袖亟思重整而積極號召復興優良的傳統文化。相對於這股由上而下尋求重建主導的力量，社會內部也興起了一股相抗的，以關懷為旨，向土地尋根的本土化運動。五十年來作為道統表徵的中山思想，在傳統與本土兩端之間扮演了什麼樣的角色？能提供什麼樣的啟示呢？這是本章的主題。

二、中山思想與道統

　　中山先生在講三民主義時在在顯示了他是要繼承中國的道統。比如說，他主張恢復固有道德，推崇「大學」裡講的政治哲學。在民族主義第六講裡，他闡述了忠孝仁愛信義和

平八德,與格物、致知、誠意、正心、修身、齊家、治國、平天下的固有智識。在民權主義第五講裡,他主張用權能區分的道理,保留人民對堯、舜、禹、湯、文、武這種好皇帝的信任態度,因為這些皇帝的「本領很好」,而且「道德很好」,這種道德指的是傳統觀念中的「仁民愛物,視民如傷,愛民如子」。在民生主義裡,國家發展的目標是傳統觀念中的大同理想,要做到「少年的人有教育,壯年的人有職業,老年的人有養活,全國男女,無論老小,都可以安樂。」三民主義的基本精神傳承了中國固有道統,殆無疑義。

三民主義為當時執政的中國國民黨黨綱的指導原則,肯定了國民黨政府作為中國道統傳承者的抱負。在中國國民黨的強力領導之下,中山思想也成為中華民國憲法基本精神的一部分。道統、主義與政權的結合有深遠的歷史意義。在國民黨退守台灣之後,它宣稱自己係道統傳承者的主張在實踐上似乎難以證明。著名漢學家Lucian Pye觀察國民黨在台灣前四十年的表現後有這麼一段分析:「國民黨的革新有強烈的面子問題在作祟,退居台灣的事實使他們產生了雪恥的動機,要證明自己的確能在台灣發揚三民主義的道統,以證明大陸之失,非戰之罪」(Pye, 1985: 63)。況且,到達台灣的

國民黨在二二八事變的陰影之中如何建立統治台灣的合法性
呢？訴諸道統似乎是合情合理的方法。所以在它歷年的黨綱
中，一再宣稱要以三民主義的原則「廢除」共產制度，同時
在台灣推行地方自治、土地改革與文化復興運動（宋璽，
1976）。要把台灣建設成三民主義的模範省。如此一來，台
灣在恢復道統過程中的主角地位便確立了。尤有甚者，台灣
建設成功的必要性乃是關係國民黨歷史評價與當時生死關之
轉捩點，政治意義非比尋常。

　　由於這種對道統的極端敏感度，使得國民黨對社會道德
之維護與傳統文化之發揚不遺餘力。過去道統著重的只有君
子本人的修養，而三民主義所繼承的道統則是要求「四萬萬」
國民道德自覺，使「睡著」的道德復甦。因此三民主義這個
道統裡講的道德所涵蓋的範圍極廣。如果公民不能將傳統道
德內化，豈不表示傳統繼承者沒有負到責任？在三民主義
裡，復興傳統文化原本是每一個國民的責任，但對國民黨政
府而言，發揚傳統似乎成了它責無旁貸必須一肩挑的重擔，
這是因為破敗的社會道德對它作為道統傳承者與合法的政權
有負面的涵義。它一定得表現出比中國大陸更推崇傳統才能
至少在表面上表示它是正統。所以，它必須證明自己能貫徹
三民主義，能說明台灣政權的過渡性，能連接模範省的建立

與光復大陸的目標，才有理由繼續統治下去。在這個背景下，本章檢視文化復興運動與本土化尋根熱兩種潮流，並從三民主義的文化發展觀點來評估這兩個運動。最後，本章將提出一個中華文化發展方向的建議。

　　在本章中，文化特指社會成員分享與共知的觀念、規範與思惟方式。立國精神則指國民共享的國家認同及其產生與維護。所謂立國精神是足以描繪國境內文化心理活動的概括性觀念。

三、文化復興運動

　　文化復興運動的特色，是以義務為導向的一種關於大我的實現。它所面對的正是法紀敗壞、公德心淪喪的轉型中的工業社會，近三十年來，我們聽到的文化復興辭藻除了「復興」之外，還有「恕」、「第六倫」、「新新生活運動」、「心靈改革」……等。配合文化面的呼籲，也常可以聽到要求強化法治的聲音。比較於稍早的文化復興運動，最近這十年顯得浮躁與吵雜。早年文化建設透過中、小學教育對生活與倫理、公民與道德、歷史及國文教材的編纂，試圖將忠孝節義的觀念或禮義廉恥的規範灌輸給下一代，然而證據顯示，受教育愈高者，他們自由主義與個人主義的價值傾向也

愈濃,政治不滿程度也愈高。

近代工業化社會的特徵之一,是傳統家族團體的沒落與新興職業團體的崛起。那些原本是規範傳統社群的觀念,在適用到流動快捷的工業社區時,難免發生不協調。文化復興運動便是針對這種不適應,要求國民能保持傳統上待人謙和有禮、對事戒慎恐懼的心態,所以儘管沒有多事的鄉親在旁指指點點,個人也能對社會義務履行如昔。在談論工業倫理時,文崇一(1981)特別強調恕道的重要性:

> 怎樣把這種恕道用於陌生人呢?……只要能把大社會以及大社會中的人群,當作與自己直接有關係的一部分……工業社會的人必須在陌生人中求發展,甚至求生存,我們怎能把這種互相依存的關係加以破壞,而後追求自己的利益呢?

所以他主張發揚恕道,還有像誠實、節儉、勤勞之類的傳統德目。李國鼎(1981)以第六倫的觀點闡述蔣中正有關群己關係的主張時強調約束自我,尊重他人,服從公意,愛護全體。具體地談,第六倫計有五點要素:

1.對公共財物應節儉廉潔,消除浪費與貪污。

2.對公共環境應維護，以消除污染。

3.對公共秩序應遵守，以消除髒亂。

4.對不確定的第三者之權益，亦應善加維護和尊重。

5.對素昧平生的陌生人，亦應予以公平的機會，而不加
　以歧視。

　　但並不是所有人都支持文化復興。王作榮（1983）便體
認舊的文化體系逐漸消失，偏偏「對決策最有影響力的人士」
常常大聲「維護及讚美舊文化」，因而「阻止了政府積極從
事現代新文化的形成工作」。黃光國（1981）則強調道德危
機背後跟隨的社會因素，主張「減低人口壓力，改善生產結
構」。的確，主張用文化改造來彌補道德的缺點，便在於只
強調意識面。復興中華文化在社會面的意義，似乎限於強調
集體意識，釐清個人義務而已。到了九〇年代，行政院郝伯
村院長猶在復頌禮義廉恥的新生活教條，寄望集體意識薄
弱，個人義務感欠缺的人能在強力的文化宣導之下，皤然醒
悟，改造自己。

　　中山先生所處的時代也充滿道德危機。他的一個建議就
是把好的舊道德留下來。現在大陸學界也很流行這種汰蕪存
菁的主張。問題是，文化是否能夠分割改造，任由智者採

摘,由庸者內化?自從戊戌變法以來,經五四運動迄今,文化界在傳統的批評與繼承上,似乎始終無法擺脫中、西文化並列對照,由哲學家自由心證地結合兩者優點的模式(郝晏榮,1989:40)。中山先生處於文化變遷的起點,他這種看法是創見。近百年之後,我們仍在走同一模式反覆再三就值得憂慮了。事實上,雖然三民主義的內涵並未擺脫中、西結合的窠臼(當時不算窠臼),中山先生的方法學卻有突破性的啟示,這點容後再談。

不可否認地,文化復興運動有強大的政治勢力在支持。它對道統的貢獻亦不容忽視。國民黨政府對文化復興的執著,如前所述地是與它政權合法性息息相關的,在一九九○年,李登輝(1990)總統擔任了中華文化復興委員會的會長,這與他一再呼籲民眾在立足台灣之外,猶需胸懷大陸的道德號召相契合。他在第一屆全國文化會議上致詞表示,開創文化生機,建立倫理道德,是要「提昇國民生活品質,促進國家統一」,蓋「以中華文化促成中國統一」是歷史趨勢,所以「復興中華文化,充實三民主義的建設,將是我們號召四海歸心,主導中國統一的最有力憑藉。」陳立夫(1990)對三民主義大同盟作了同樣的賀詞:「我們必須統一於中國文化所生之三民主義……至為明顯,如此則二十一

世紀始屬於中國。」

　　新近的本土化運動也有各種不同的動機。其中政治動機最明顯的便是所謂台灣民族論。台灣民族論是把省籍的差異拿到文化層面來擴大，認為台灣人有別於中國人，甚至建構了台灣民族是構成被壓迫階級，漢民族是構成壓迫階級這種既唯心又唯物的看法（載國煇，1985：157-160）。這種政治焦點明確的本土化只是少數。多數本土化運動的產物則是追求一種本土的愛鄉意識。即令如此，正如廖文義（1990）所抱怨的，談論台灣意識的作品被「部分為了維護自身政治利益的人，不惜破壞省籍關係正常化」而醜化，雖然原因也是有「偏見的人，以一種排他性的論點來建立台灣意識」。

　　本土化過程中討論的課題有哪些呢？最早出版本土化系列專著的《自立晚報》推出了有關台灣歷史、人物、語言、教育、政黨、工商人……等應有盡有的課題。在中華文化的道統之下，對問題的處理與觀察的標準難免不是從當事者自己的角度出發，而經常被賦予不相干的，但從道統角度來看的意識，是以「關懷本土的人士……在文化園地上墾植……只能以低調的型態出現」（黃美英，1988：6）。在六〇年代之後，本土化運動因道統的純正性受到國際親共潮流的挑戰而解放。初期的鄉土文學是以關懷鄉土的人，並描述他們奮

鬥或成或敗的經歷為主。後來的本土化運動伸入各個領域，包括社會科學的研究方法也開始強調要用本土的研究工具與概念來反映本土的現象。[1] 參與本土化運動的人不見得對本土化的涵義有共識，但他們的關注點有一個共同的特色，即他們寫作的題材之所以重要是因為他們自己去感受它的重要性，不必然是政治或道統定義的課題。

比如說，胡慕遠（1989）的動機是感於「台灣幾乎是一個沒有歷史作品的島嶼」。鍾肇政（1988）也同樣是感於「台灣固無史也」。黃美英（1988）則是感受「對本土化與人道主義」的執著關懷。陳璞玉希望「能增加對台灣鄉土和社會的認同感，產生更多對台灣的愛」（莊永明，1989：7）。莊永明（1989：8）被認為是要「建構」本土文化。他自己則說要「去認識台灣人的骨氣、風範」。陳芳明（1990：3）被認為是想單純地「回歸、認同這塊土地」。張俊宏（1989：序）是要回答「整個文化的體質表現出來的是高度轉型期的迷茫、焦燥和不安」。莊伯和談的是「體會鄉土生活的角度」（徐海鈴，1990：1）。張炎憲（1990）說的最直接，他的動機是他「不知道自己的祖先曾歷經滄桑，將荒蕪闢成田園的過程；生存於時代的轉捩點上，卻不知道這塊土地曾發生過的事件和人物。」基於此種惆悵，鍾孝要讓青年

「瞭解自己的身世」進而「愛國愛鄉」（鍾肇政，1988：序）。

　　本土化的兩大侷限是，第一，鄉土的關懷不能解決固有道德正在瓦解，新道德不彰的問題；第二，它把人的定位交給歷史與土地，不是鄉土上活生生的人。它的一個大問題是它必然要被政治化。這個政治化的原因很多。像許木柱就相信鄉土文學與中壢事件和美麗島事件要求革新是一脈相連的（黃美英，1988：6）。陳明芳（1990）偷渡回台，與土地像「母子連心」一樣地抗拒「腐敗」，「伸援改革派」。對道統挑戰最劇烈的可以說是台灣先民奮鬥史將台灣先民追溯到明鄭。換言之，台灣的根雖自大陸來，但可不是什麼堯舜的道統相沿而成的。這種與三民主義不契合的道統所挑戰的不是孫文學說，而是國民黨政府的合法性。所以儘管追求本土化的人只是在追求關懷鄉土，但整個運動對社會認同與社會道德的衝擊，或未爲所有從事本土化者所能評估。

四、三民主義的文化發展途徑

　　不論是文化復興運動，還是本土化的尋根熱都必須解決文化發展上的兩個難題：集體與個體的矛盾，客體與主體的矛盾。文化復興運動很顯然的是著重集體意識的建構。柴松

林（1982）建議教育結構以培養「尊重他人」的個人來「完成其道德」，並在「消極方面裁制對幸福的破壞」。汪彝定（1982）則視紀律與市場競爭同為發展中看不見的一隻手，而且紀律重於一切。在談國民精神建設時，郭為藩（1982）要確立國民對「三民主義為綱領的制度優越性」具有堅定的信心，並且希望把民族精神教育擴張到國父思想教育之外，這些工作由於「當前國家處境，大敵當前，豈能不全力以赴」。文化復興運動中以集體意識規範個人價值的方法不容置疑。反觀本土化運動所關切的是「一磚一瓦一草一木」的整理（陳琰玉，1989：9），以個人成長過程中感受與接觸到的台灣禮俗來關心台灣自己的語言（洪惟仁，1990），「把個人的特殊感情融入視覺形象」（莊伯和，1990：1）。本土化運動方開始發展，它以突破傳統文化強調集體意識的桎梏來解放個體，就其內容而言，固屬以個體為主，但其中對鄉土關懷之強調，到未來是否會因鄉土二字的意義受到凝固，而發展出一套規範個人價值觀的僵硬教條，時間似乎已經證驗。

在另一方面，復興傳統文化的運動，很自然地把人當作是歷史的客體。人是道統的傳承者，要發揚民族精神與固有道德，所以除了在橫斷面對社會有義務，在縱斷面對歷史也

有責任。蕭功秦（1989：52-55）便對此有一段尖刻的評論，認為復古的人「僅僅來得及看上天際最後一抹晚霞」，因此無法「想像未來黎明時的微曦爲何物」。本土化運動也未能跳脫歷史的範疇，寫人物時要掌握「時、空座標中的位置」（尹章義，1989），看來，它是要用空間來定義人的價值，至於它是否把人當爲歷史之主體或客體，目前尚難定論。把人的根置於歷史之中本無可厚非。本土化運動的兩個危機是它刻意把人置於固定的歷史觀中而不是流動的歷史觀中；第二，這個片面的歷史觀鼓勵人從過去找尋生命意義，迄未能作出對歷史未來方向的開放。此與文化復興運動以歷史爲依歸來界定未來的意義，在方法上相去不遠。簡而言之，本土化運動展現的，是不願意台灣純粹地作爲中華傳統歷史的客體，但其所能提出的代替未必具有主體能動性。

　　三民主義是如何處理文化發展的問題呢？中山先生在這方面的系統論述闕如。但是由他在其他有關文化與社會方面的評論看來，似乎發現他對文化的發展有一種雖然模糊但卻是獨到的方法。中山先生重視個體與群體之關係，此爲任何談文化發展者所不能忽視的，他對個體自由的解釋，在民權主義第二講裡是指「在一個團體中能夠活動，來往自如」，所以群體與個體之間存在著某種規範關係。中山先生又主張

把個人自由集合起來，使大團體有自由。這樣看來‧好像是有個人自由必須能貢獻於團體自由，而團體自由不能限制個人自由這樣兩層意義。所以我們可以間接得出兩個文化發展的前提：個人的價值必須存於團體之中；團體的價值必須由個人來詮釋。

比如說中山先生在民族主義第六講裡提到，國民應該要恢復民族精神；在第四講裡提到以民族主義爲基礎來提倡世界主義。民族主義與國家主義不同，因爲前者講濟弱扶傾；不講濟弱扶傾的民族主義便無意義，不談民族精神的國民生命便無價值。換言之，個體（比如說國民是相對於民族的，或民族是相對於世界的）價值的肯定在於個體能對群體有貢獻。這種檢視個體價值的方法貫穿中山思想，並非一時即興言論而已。比如一九一一年對同盟會葛侖分會演講時他就強調，「國與己身之關係如身體之於髮膚，刻不可無」（孫文：21）。一九二〇年在廣東演說，他強調模範作用超過軍事武力作用，因此主張以改造廣東，使具有良好的風氣傳遍全國，然後「各省必發生一種良好變化」（孫文：221）。一九二三年他在青年會演講時呼籲以人格救國。青年會中「總有幾千人是有好人格的」，所以可使有七、八萬人的青年會變成「有人格的團體」，中山先生進而主張「以改良人格來

救國」（孫文：355）。在談大亞洲主義的時候，中山先生提醒日本人，日本國民擊敗歐洲廢除不平等條約的價值，在於「亞洲全國的民族便驚天喜地，發生一個極大的希望」，使他們「做種種獨立運動……要做亞洲的主人翁。」（孫文：536-7）個體的價值因而存在於其為團體所建構之範例，及此一範例所發生之影響。

　　最後上面這一個說法極為重要，因為中山先生並不見得主張團體可以限制個人之自由。如果要用中山先生強調貢獻群體來任意限制個人自由便大錯特錯了。是先有日本擊敗歐洲才有大亞洲主義之興，是先有優良人格才有具有優良人格的團體，是先有廣東之改造才有成為全國楷模之範例，是先有髮膚之存在而有完整之身體。因此群體價值之界定要靠個體行為來提示。所以要談全民政治必得先談地方自治。集體之建構與發展方向始自個體，沒有任何個體可以藉群體之名否定群體之中的其他個體。所以早在民前六年，中山先生就講民族主義絕非排滿。建國大綱更明言民族主義的任務之一，是扶植弱小民族。即令沒有個體能決定如何貢獻群體，群體的方向與價值也不能由偽智者抽象決定，否則絕非中山思想之真正內涵。

　　如果這種個體與群體關係的方法拿來研究文化發展，對

文化復興運動要如何評估呢？當前對文化復興運動之理解在撿拾古訓古辭中仍能發人深省者，以文宣方式播導於全國。這與中山先生強調個體自主性，藉個體自覺的創造來成就群體的方法不一致。文化復興運動是一種由上而下，唯智者是聽，宣導義務，用否定個人發展創作的方法以建構社會倫理的反中山式的文化建設取向。中山先生的方法，是由下而上，透過範例與自發性學習，但恆久保持群體意識的方法。本土化運動的發展途徑之一正是在破文化復興所代表之傳統，但也因此在作品選材上因為重視與道統無關的微觀描述，有時產生否定集體意識之傾向，有時雖有集體意識，但那種意識是先定的、強加的、刻意排斥道統的，以及由上而下、由古而今的僵化形成。如果文化發展是動態的過程，那麼文化現代化的發生絕非起自傳統，而是來自個人自覺的創造。中山先生自己是最鮮明的例子，他心存民族，憂患國家，但不堅守傳統，不妄談西化。三民主義變成道統的象徵，當年中山先生刻骨銘心創出的見解、大綱與政策，被當成教材傳授，諒非中山先生之本意。

五、中華文化現代化芻議

中山先生主張民族主義，恢復民族精神所仰賴的是宗

族。因為中國人講到國家本是一盤散沙，透過宗族再結合成國族。「要結成大團體，便先要有小基礎，彼此聯合起來，才容易成功。」在外國，個人放大了就是國家，沒有什麼中間團體聯絡個人與國家，所以說「國民和國家結構的關係，外國人不如中國」。中山先生當年的分析在今天並不完全適用。今天發生了三個變化。第一，在全球化之前的歐美國家，就已經具備結合個人利益的壓力團體，所以個人和國家之間是有一些聯繫的。在改革之前的大陸，社會主義的國家經濟體制裡，每個人的吃住均歸工作單位管。先是人民公社打擊了傳統的宗族，後來人民公社大失敗，又變成工作單位主管一切。最後在台灣，高速的經濟發展改變了傳統的社會結構，宗族團體已不是社會的主導力量。雖然派系的力量仍然穩固地存在著，但是個人的流動性越來越大。問題是，台灣沒有大陸那種單位制度，同時也自然不希望依賴通常只為資產階級服務的壓力團體，那台灣要拿什麼來聯繫個人與群體中其他的陌生人的關係呢？而這個關於人與群體之間的聯繫，正是傳統文化闕如之處，使得個人與群體中的其他陌生人之間，總是存在緊張與互斥。

　　工業社會邁向後工業社會的特色是各種職業益加專業化，為任職所需接受的專門訓練益加精密，時期也增長，而

且各行業都逐漸發展出自己的行規。多元的社會結構創造了
多元的價值觀。今天經濟與社會結構之分化使得隔行如隔山
的情形普遍起來,越來越多的人發現他們所從事的職業是具
有高度特殊性的。對於這種現象,我們任其發展,可以產生
兩種截然不同的態度。一種是驕傲自大,以為自己比別人重
要;另一種是相互尊重,認識彼此的互補性。如果我們適時
強調一種專業精神,讓每個人學習尊重自己,進而尊敬別
人,社會的倫理秩序或可重建。專業精神的內涵有兩個:

1.自重人重:專業精神要求一個人珍視自己所受的訓
  練、所擁有的能力,以及體認自己職業對社會所造成
  的影響。透過對自己價值的體認,欣賞從事其他職業
  的人對群體的貢獻,以及他們存在的價值。中山先生
  鼓勵青年學習外國人的新文化,從修身做起。但他也
  認識到中國人過去講修身是有一套「精密的智識」,即
  是格物、致知、誠意、正心。格物致知在窮盡事理,
  正與專業精神的第二個要素符合。

2.精益求精:如果一個人的存在價值,是可以來自於透
  過職業對社會所作的貢獻,那麼實現自我、提昇自我
  境界的最佳途徑,便是將職業技能與知識深化廣化。

所以中山先生說，聰明才智最高的先知先覺者，要造千萬人之福。在他那個時候，就看到了世界新道德的潮流。他指出「文明進化的人類，覺悟起來，發生一種新道德……有聰明能力的人應該替眾人來服務」，要服務一定「要從學問上去學起」（孫文：469），中山先生因此勉勵專業革命軍，除了立志之外，還要「有高深學問做根本」，高深的學問則必須仰賴「自修的工夫」來獲得（孫文：477）。

　　強調專業精神的理論在於心理學。心理學家已作過多次研究，一個人的自我形象對個人行為（Maltz, 1966）、個人代表國家的行為（Shih，1990）與個人代表國家在國際組織的行為（Cottam & Shih, 1992）均有決定性的影響。一個人形象的改變會影響一個人的行為。拿了博士作老師的人自我形象與行為，均與當研究生時不同。當了護士的人和在護校念書的學生形象與行為均不同。如果各行各業的專業性均增高，專業精神強化深入，人們將提昇對自己形象的評估，從而更尊重自己。換言之，社會道德分崩離析不能只是從道德上要求人們變更行為模式，而必須改變人們的自我形象。尊重自己也尊重別人的社會，其倫理規範之建構不過是順水推

舟自然形成的過程而已。所以文化發展之要務在創造或利用
社會機制來使人們尊重自己，看重自己，專業精神的強化，
或許只是其中的一環。

在推行專業精神時，有幾個特點必須在此強調：

1.專業精神不是反傳統，可以與傳統相結合。我國職業
之發生自有我國特殊之文化背景與社會環境，專業精
神之內涵自然隨傳統、社會發展，與行業不同而相
異。強調專業精神甚至還可能發揚文化傳統。但這不
是傳統決定的，這是專業人士自己體認出來的需要。

2.專業精神符合民生主義之育篇所說的職業教育，透過
職業學校，創造「服務的人生哲學」。在這種強調職業
神聖性的條件下，學校所教導的文化基本教材、歷史
精神與立國原則，或對學生能啟發其生活上的感應。

3.專業精神使中山先生所訓示的「做大事不做大官」的原
則落實。做大事換取職業酬勞，名譽及自信心，比做大
官享福毫不遜色。要做大事必須理解事何以大，專業訓
練與形象建立均可有助於國民認知自己的貢獻。

4.專業精神把人當作歷史的主體，而非客體。多位大陸
學者提倡對待傳統的一種新態度。把傳統看成「我自

己」，我既本是傳統的產物，我的一言一行當然就象徵
著傳統的現代意義（謝遐齡，1988）。所以我的劣行劣
跡是在污染傳統。有這種認知的人，或許較有興趣去
認識傳統、審思傳統在未來的意義。新態度的另一方
面便是把「現在」看成傳統的延續，戮力於現代社會
的建設（楊善民，1988）。換言之，專業精神鼓勵我們
作「人與歷史的眞正主人」（許蘇民，1986），從肯定
自己職業價值出發，來認識並形成整體性社會意識與
倫理規範。

5.基於第四點，專業精神不是以義務爲出發點。專業精
神假設行有行規。行規的建立非任何天生的智者可以
決定而後由上而下發給各行各業遵守。行規之建立與
遵守，由行業之中自行決定，透過專業訓練使專業人
員將行規內化。所以談專業精神的一項基本假設，是
社會信任各行之專業精神符合社會進化之原則，勿須
由政治力全面監督主導。

6.專業精神合乎歷史潮流。西方後工業社會也在鼓吹專
業精神。極端的個人主義已不存在。西方的個體，也
必須開始學習將職業視爲一種倫理的價值，而不再只
是把職業看成賺錢工具，或做事愈少拿錢愈多愈好的

逃避心態。西方的雇主因而也開始注重職工在工作上
的歸屬感與認同感,把員工當成夥伴而不只是下屬。
所以專業精神的強化,有使東、西兩種文化互趨一致
的作用。也就是說,專業精神強調的既不是個人存在
就可以單純肯定價值的個人主義,也不是以否定個人
存在只肯定群體價值的東方群體主義,它所著重的是
由個人決定社會方向、發展社會、貢獻社會,進而肯
定個人價值這種以個人為中心,以群體為結果的半中
半西的現代精神。

7.專業精神配合國內政治出現了一股反權威、反傳統的
聲音。強調效能的理論被講制衡的聲浪蓋過,合法性
的來源從道統轉向選票,外交上統獨之爭為務實外交
所超越,兩岸政治對立被民間各領域的交流淹滅。專
業精神是在文化面配合著這股強調集體意識到個體意
識的趨勢。

8.專業精神不反對本土化運動,甚至認可任何尋根的活
動。但專業精神下的本土化倡導以對本土人物關懷的
心情出發時,卻不必以否定道統為目的,也不必以領
土疆域之類的空間為價值與意義的內涵。道統的存在
與否不能肯定本土化的價值。本土化的價值在喚醒國

民對鄉土上的生活關懷，包括瞭解鄉土上的問題從何
而來，往何而去，並作開放性歷史省思。

9.專業精神講自重人重，精益求精，因此簡明易懂。凡
工作賺錢養家活口之人，均得以自己體認到自己對社
會的貢獻而能過著充實的生活。專業精神同時也平易
近人，因為它是從肯定自我價值的歡悅裡出發，不是
在否定自我的道德義務的嚴肅氣氛中下藥。

10.專業精神不必反對抗爭行動，以肢體抗爭突顯體系或
人事不合理之處為專業精神所認可。抗爭者的目標特
定，手段合法合情合理，不作過分之要求，事前備妥
資料與訊息，減少波及無辜，重視抗爭者之形象，及
抗爭所創造的政治意識，理解抗爭的歷史價值與時代
成本。

專業精神是否能成為莊嚴的立國精神的一個要素呢？專
業精神背後所突顯的，是由個體價值綜合歸納以產生集體意
識與方向感的方法；著重的是把個體當作傳統與歷史的主
人，並主動體認自己創造傳統的作用。因此專業精神有延續
性、有包容歷史與地理的時空性，它把當作歷史縱斷面的傳
統與未來銜接，社會橫斷面的個體與群體銜接。它著重個體

細緻的創造力,與宏觀精神的建擴。但它反對偽智者的主導,與政治力支持的文化運動。因為在有專業精神的社會裡,你與我才是文化的主體。

六、結論

三民主義被當成政權的道統以後,社會道德的敗壞變成政權合法性的挑戰,政權應付道德殞落的方式,受道統限制,不得不以文化復興為依歸。新興的本土化運動趁道統危機發生之際興起,在道統所未關注到的角落裡找尋新文化的根。這兩股潮流把人當作歷史的客體,用人為述說出來的歷史定位個人,用抽象建構的集體來規範個體,這些方法不合時代精神。數十年前,中山思想用來解決個體與群體衝突的文化發展方法學,始終未能為人所提昇至觀念層面而來理論化。中山思想中展現的澎湃的改革的時代精神,以個體來創造群體意識,用群體來反映個體價值,到了目前民智大發、知識爆炸,與社會政經結構多元化的今天,似乎可以落實在以職業團體為歷史與社會銜接點的專業精神理論裡。沒有人能保證專業精神的提倡會成功或會普及,但是它起碼是尊重人,以人為主,且與時代潮流若合符節,與你我生活相干的一種主張。專業精神倘若不被重視,文化復興與本土化兩大運動也恐怕失其能動性。

註釋

〔1〕有關社會科學本土化，見雷霆《中國心：文化社會與個人》（緒論）
　　與黃光國《社會心理學本土化的方法論問題》，均為打字影印稿。

第六章

一體與無私——
兩岸談判中的相互異化風格

一、「非外交」概念的提出

　　Der Derian（1990）在研究外交史的時候，提出了一個「非外交」的概念。這個概念對於研究在對立政治局勢下的民間交往，頗有啓發性，在一定程度上類似於台灣海峽兩岸的情況，即在兩岸領導人政治上是相互排斥的，但民間在社會上卻出現與對立氣氛迥異的交往趨勢。Der Derian認爲，外交的意義比一般國際政治學家所理解的更爲深遠，不單純只是兩國使節之間的互動而已，因爲讓使節來代表一個國家與外國的使節互動，是一件充滿了建構與想像的過程。他指出，在歷史上這種被稱爲是外交的互動，是用來處理兩個互不融入的政體之間的關係，因此自始外交的概念裡，就預設了各國外交官所代表的政體，彼此之間存在有相互異化的情境。外交的意義與相互異化就成爲一體的兩面。然而，當兩個由外交官所代表的國家，在他們人民開始進行交往的時候，人民的活動便顛覆了外交得以發生的前提，即互斥的兩國本當透過外交才能聯繫，現在卻不需要外交了。

　　Der Derian從相互異化的觀點來看外交，與後現代作家對當代主權體制的批判解構脈脈相連，因爲主權體制假定了主權之內的秩序與之外的秩序迥然不同。的確，主權作爲結束

宗教戰爭的一個制度機制，認可各國君王可以決定自己子民
信奉的教義，不受羅馬教庭的管轄，其前提當然就是自己的
子民與異教徒不相往來。從這個不相往來的基礎上，發展出
了所謂的外交，自然也就無異於是在鞏固異教之間不往來的
歷史假設。這個假設在二十一世紀看來已經顯得不可思議，
不過每當國家領導人遇到危機時，國家之內有秩序與國家之
間無眞理的假定，又會浮現，公開的外交活動又將極度仍頻
地呈現在國人眼前。以2001年伊斯蘭聖戰組織攻擊紐約與華
盛頓爲例，美國政府的第一個反應，就是強化主權機制，與
各國政府共商反制之道，要求聖戰組織可能棲身的國家負責
緝兇，把一個非主權、跨主權的暴力行動，當成是國家之間
的問題來處理。就可見外交不但反映了相互異化的前提，甚
至還有重新強化異化的作用。這種現象似乎類同於兩岸之間
發生人道事件或刑案時，感到異化的一方就會將之提昇到外
交的層面來處理。

二、人情與中國的外交

　　不過，Der Derian以異化的概念來處理外交的突破性理
論，雖然迭有啓示，卻不見得能夠照搬到中國文化的情境
中。外交使節的活動在中國歷史上的地位，與拜占庭統治下

或宗教戰爭中出現的外交甚爲不同。中國的使節是在周天子與公天下的假設中交往，所用的道理除了是遠交近攻的權謀詐術之外，相當程度是在以人情、道德與身分爲基礎的辯論中呈現的。換言之，外交不只是反映異化，還同時反映了各國共生於一個天下。外交詞彙不能是唯我獨尊，而必須表現成大義凜然或振振有辭。到秦漢一統之後，尤其是獨尊儒術以後，公天下的論述更成爲不可挑戰的一個政治主張，深入人心，取得不可挑戰的近乎天地日月星河一般的根本性，從而影響到爾後中國人與異國交往時的態度。

這個態度首先就不等同於以異化爲前提，並造成進一步異化的Der Derian式外交，因爲異國與中國共處於一個天下，此之謂「普天之下莫非王土率土之濱莫非王臣」，從而使節活動的目的是宣揚德威，招安納貢，羈縻封侯，宗旨無非是要遮掩異化的形勢，防止異化的發生，並沒有假定異國爲異教徒，不能相與。故偶爾如有鎖國政策，也是一種懲罰的手段，與偶見的征服政策是相同的意思。即使相傳非我族類，其心必異，也鮮有把異族當成爲不可轉化的本質的異族，而充其量是未開化的異族。其中的道理是，天子是天下的共主，天下爲公，沒有私利，所以異族雖異，其異不異，才有蠻陌之邦行矣的氣魄。從治理出發，中國的外交不是異國之

間相互異化的實踐，而是同一天下的交往，則所適用的原理
原則，就與人情關係之中人們相互交往的規範，彼此相通。
欲深入瞭解兩岸交往的深層結構，自應當對於這一套人際交
往時的做人態度，有所掌握。

　　中國人情原則裡最主要的期盼，就是人應當是無私的，
所以有諸多角色規範必須拿捏妥當。但是當兩個人進行接觸
談判時，很難避免會突顯交往各方自己的位置，而且是一個
與對方相衝突的位置，因此談判的發生本身就帶有自我異化
的作用。這是與Der Derian外交最大不同之處，即外交所揭露
的某個自我的位置，與中國文化所假設的無私無我的人相牴
觸，從而發生的異化不是相互異化，而是自我異化。必須順
便說明的一個弔詭是，馬克思主義者會認為，不是為自己所
用的生產工具與生產關係，一旦涉入其中，便會帶來自我異
化，故儒家文化對於無我的要求就是一種異化。不過，本書
採取不同的立場，將人的存在與形成當成是歷史文化制約的
結果，不存在馬克思主義者所假定的在宇宙本體中等待被解
放的自我。所以，在儒家文化下的我，就是在公開場合應該
表現成無我的那個我，當我無法滿足對自己在公開場合的無
我要求時，自我異化就發生。

　　這部分說明了為什麼中國外交官在談判之初，都喜歡先

講大原則，大原則的確立是文化心理上的一種需要，可以將談判各方納入一個看似天下共主的論述體系，在這個體系獲得確認之後，則談判的內容便可以視為是技術性的問題，談成了固然好，不但大家得到好處，而且這個為了自己所談出來的好處，還可以被事先講好的大原則所遮掩，就好像自己得到某些好處，是為了大原則而得到的。或者，談不成也只是代表對方對大原則的破壞，或起碼可以表現成是如此，則自己為了某種大原則而犧牲小利小害，就更獲得了某種彰顯。對於中國外交官來說，這個談判事涉國格，不僅具有對外的意義，更具有對內的意義。也就是說，對內時，中國領導人必須一樣表現成為無私無我，才能滿足百姓對領導人的道德期盼。領導人的無私形象在對內與對外時一樣重要，說明中國領導人的深層外交思惟，不同於Der Derian的異化論假定的那種內外有別的主權體系。

不過「非外交」的概念對我們仍然就有深刻的啟發。亦即當儒家文化下的領導人與對手交往時，異化的發生雖然是因為對自我期盼的理想形象有所疏離，其疏離的前提與Der Derian討論的頗為類似，亦即談判的發生本身就像是外交活動那樣，顯示了參與談判的各方在立場上的不能一致，則其間的人豈能無我？故談判交往揭露了領導人不過是局部利益

的代表，並非天下共主。換言之，談判與Der Derian外交一樣，具有相互異化的作用，只不過對於儒家文化下的領導人而言，還有更進一步的自我異化的作用。因為中國文化不承認相互異化，所以相互異化必然造成自我異化。中國領導人好談大原則，乃是要管理這個異化的現象。在Der Derian外交裡，相互異化不代表自我異化，相反的還是一種自我確認，因為異化的對象是與自己進行過持久宗教戰爭的異教徒，故相互異化反而成為一種宗教認同上的需要，當民間交往頻繁起來之後，「非外交」這種不以異化為前提的民間活動，對於主權認同就產生顛覆的效果。

　　故當主權認同出現高潮的時候，Der Derian會預期主權國間領導人對「非外交」進行管制。如同在聖戰組織對紐約以及華盛頓發動攻擊之後，美國政府立即的回應就是封閉南至墨西哥，北至加拿大所有的邊界，就好像跨主權的民間活動是聖戰組織的攻擊依據。但其實，這個封鎖邊界的行動是反應了主權身分暫時性的重獲重視，相應而來的就是去抗拒反異化的趨勢，故包括「非外交」在內的民間跨主權交往，都遭到池魚之殃。所以，自我異化帶來的焦慮與不安才是必須管理的現象，與必須治療的徵候。Der Derian的研究對象進行自我治療的方式，是靠著相互異化的強化，以致於當美國政

府四出與各國交涉，建立共同反恐怖陣線的時候，完全不掩飾那是美國的立場與美國的利益，後來雖然也開始喊一些自由、人性之類的口號，但絲毫不能掩飾由美國片面主導，網羅各國支援的特色，這個相互異化的心態，尤其在美國政府警告世界各國，不是朋友就是敵人的嚴肅威脅中，表露無遺。

三、異化與「非談判」

然而，中國文化對自我異化的管理方向恰恰相反，不是去強化相互異化的機制，而是去遮掩相互異化的尷尬。所以當雙方在某個協議提上出現衝突的時候，中國文化的要求，是領導人必須站在無私無我的立場上。這個無私無我的立場有兩種表達方式，與Der Derian外交完全不同。一種表達方式就是徹底與對手決裂，表示玉石俱焚，這時候的談判只剩下一個作用，就是對對手大量的抨擊與揭露，造成談判接觸的目的不是解決問題或分享資源，而是證明自己的無私無我。第二種方式便是藉由各種宣傳或示好活動，推動民間的友好交往，表示是對方的代表不得人心，這些宣傳不論是眞或假，其功能都是在說明中國領導人的立場包括了對方人民的利益，而且更戲劇化的是，對對方人民的利益照顧還可以超

過對己方人民的利益照顧。不論是哪一種方式，藉由Der
Derian「非外交」的觀點，姑且可以稱之爲「非談判」。

　　所謂非談判，在第一種揭露方式裡，就是藉由各種言詞
在公開的談判協商場合來進行詆毀與批判，顚覆談判對手的
立場，使得那個立場看起來像是非常偏狹自私的立場。這個
作法對中國人有效，因爲中國文化之下的人多半不願意被描
繪成是一個只顧自己利益的人，但對於Der Derian的對象卻不
見得能達到羞辱的效果，充其量是造成對手的不愉快，而不
是一種自我異化的恐懼。因爲Der Derian的對象是活在相互異
化的需要裡，這個需要當然是歷史實踐建構而成的，故中國
人要揭露的他們的那個自我，本來就是他們安身立命的根
據。其結果，揭露的行動因爲強化突出了對手的自利特性，
如此反而更加對中國領導人形成壓力，使他們失去爾後彈性
調整的空間，因爲與這樣一個遭到揭露卻不以爲意的對手進
行協商，不是反而摧毀了自己的道德形象嗎？因此，保留協
商空間最好的「非談判」方式，還是第二種民間友好方式，
那就是藉由民間的交流與示好活動，來戳破對方與我方相互
異化的想像。

　　在進行揭露之前，可以進行試探或暗示，希望對手能接
受或回到既有的大原則之下，讓相互異化的感覺得以沖淡。

其中較爲常見的手段可以分爲激將法與示弱法兩種。激將法
是透過強烈的言詞批判，間接地邀請對手做出澄清，從澄清
的過程裡再度認可對手仍然屬於大原則之下的同路人，這時
候進一步的協商或談判都不會影響己方的道德形象。也就是
藉著威脅對手自己快要進入反談判的情境，來迫使對手重新
思考其立場。在固有文化的理解中，一個正人君子遭到誤會
理當有澄清的需要，故會相應地來表態，以洗刷名譽。所以
激將法用的攻擊詞彙經常是很尖銳的，使得在乎自己無私形
象的對手，不可能置之不理，除非說批評對了。就算是批評
對了，對手心中真有私念，想必也不該任由旁人揭露，而會
盡力掩飾，而掩飾時所需要的道德原則一經引用，不就等於
對於對手爾後的行動產生拘束力了嗎？或起碼使得己方所願
意做出的妥協讓步，看來並不違反道德立場。

　　這些尖銳的詞彙其實在中國大陸外交之中早已發揮得淋
漓盡致，故指責對手是走狗、帝國主義、附庸、野心家、陰
謀家、沙文主義、披羊皮的狼、逆流、強盜、流氓、殭屍、
千古罪人、軍國主義、法西斯、紙老虎、狂人、叛徒、幫
兇、傀儡、霸權主義、民族敗類、野獸……等不一而足；用
起形容詞更是百無禁忌，如包藏禍心、趁火打劫、混水摸
魚、喪心病狂、狼狽爲奸、執迷不悟、玩火自焚、人民公

敵、無法無天、面目猙獰、一意孤行、窮兵黷武、倒行逆
施、數典忘祖、千古惡名、自掘墳墓、禍國殃民、民族敗
類、歇斯底里、滅絕人性、做賊心虛、挾洋自重、做賊心
虛、自欺欺人、肆無忌憚、醜態百出、花言巧語、養虎為
患、窮凶惡極、身敗名裂、引向絕路、死亡滅頂、卑鄙下流
……等。但之後又總會提供解決的方案，如為祖國做點事、
收回黑手、為人民利益著想、欠債還錢、為前途深思、懸崖
勒馬、扔進垃圾桶、以民族大義為重、和平共處、進行克
制、保證不再發生、停止叛亂、停止侵略、以史為鑑之類的
說法（石之瑜，1992）。

　　採用示弱法的目的也是邀請對手澄清，不過激將法的澄
清是口頭的，而示弱法則是希望看到對手在行動上澄清。示
弱表示自己沒有能力或意願繼續鬥爭，因此有引蛇出洞的意
味。示弱的做法可以是口頭的，也可以是行動的。一個有趣
的口頭示弱的例子是當毛澤東發動合作社運動時，鄧子恢反
對，因此建議毛要緩，或者只要先把一半農民合作化，毛竟
然說三分之一就好。鄧不察毛用的是示弱法，所以興高采烈
真的照辦，結果不到兩個月就被毛批成為小腳女人（顧龍
生，1992：173-176）。鄧如果懂得示弱法，就不會表現出一
種得寸進尺的態度，反而應當兢兢業業。用行動示弱的最簡

單的方法就是片面撤退，看對方會不會藉機推進，如果會，表示對方利令智昏，則談判必須轉化為非談判。

四、兩岸談判中的「非談判」

台灣不完全是Der Derian筆下的異化外交文化，但由於政府主張與大陸分開成兩個政治實體，所以當然希望用Der Derian的外交來營造與大陸相互異化的氣氛，於是總是與大陸在主權的問題上糾纏不休，使得大陸無法與台北展開談判，擔心談判本身因為會認可台灣與大陸的相互異化，而導致大陸立場的片面化，故北京政府就以堅持一個中國原則的立場，來使談判所形成的相互異化，與相伴隨而來的大陸方面的自我異化，獲得遮掩，厥為非談判。同時，台灣則有深諳儒家文化傳統的政治領袖，因此也非常瞭解並且需要無私無我的道德形象，故一方面台灣的領袖在推動與大陸政治分離的過程之中，不能給外界太強的計利算害的感覺，而要有勇往直前的努力姿態才顯得道德十足，但又因為必須而且有能力顧及大陸的想法，不像歐美的觀察家或政治人物那樣對儒家文化缺乏掌握，以致於台灣的政府又瞭解大陸官方在道德立場上的需要。所以，台灣在處理兩岸關係的時候，就夾在好幾種需要之間，有時的確捉襟見肘，不好應付。

　　第一種需要就是自己要表現出無懼橫逆的樣子，否則以主權獨立爲訴求的政治領導就會失去道德性。所以，與大陸的互動要採用Der Derian的以異化爲前提的主權外交，而不討論儒家文化所熟悉的天下爲公，一統振興等價值。這裡的矛盾是，儒家文化的無私無我要求竟敦促領導人，要將台灣表現成我質很強的政治主權體。因此就與第二種需要牴觸，這第二種需要就是讓代表台灣面對大陸的人的言行，看起來是無私無我的，而不是自利的。因爲如此，相對來說對台灣獨立較爲淡泊的國民黨，通常不以主權獨立爲直接的訴求，而以制度競爭，人權民主等價值，來遮掩追求獨立的立場，就有如國民黨仍然非常在意大陸人民的福祉，從而使得台灣與大陸看起來仍然維持在某種曖昧的天下爲公的論述中。但這麼做的時候，就讓人懷疑到底對主權獨立的追求有多認眞，爲什麼要在乎大陸上的發展？

　　這時還有第三種需要，就是不能抗拒地對自己能瞭解的事加以接收的認知上的需要，這代表必須承認北京領導人有一種被異化的恐懼，因此他們會訴諸各種非談判的交往手段，目的是消弭兩岸相互異化的現象，基於這個理解而採行在政策上的遮掩，使台灣主權獨立的訴求不要太強烈地出現，乃是理所當然的因應之道。然而這個因應方式除了與第

一種需要牴觸,即在道德的立場上,不應該計算太多,又與第四種需要牴觸。這第四種需要是,為了要完成主權獨立而要求在身分認同上與固有文化切斷關係,否則就解決不了前述幾種需要之間的矛盾,這些矛盾已經形成台灣政治文化中的自我異化根源。唯有切除固有文化,才能化解因為固有文化帶來的自我異化。這第四種需要與第三種需要針鋒相對,一個是因為共享儒家文化而不可避免地接收到自己看得懂的形勢,另一種是想放棄儒家身分而要強迫自己不去看懂已經看懂的形勢。

當大陸政治領導人對台灣進行探測,採用示弱法或激將法時,台灣的回應中夾雜的必定是多種訊息,包括得寸進尺,反唇相譏,也包括審慎將是,溫和有守。也就是在台灣對自我異化的治療之中,因為四種需要的激盪,使得滿足任何一種需要的政策或說法,都會傷及其他的需要,造成不斷的自我異化的壓力,以及立場及論述迅速轉換的表象。不論用Der Derian外交與非外交或中國人的談判與非談判哪一種角度,台灣的行動及言詞中可以在同一個領導人身上輪流看到,或同時由不同的領導人表現出來。因此,雖然大陸官方媒體對台灣的批評頗多頗強,但起碼在一九九九年之前尚未將兩岸間的談判當成是否定台灣談判者的舞台,亦即非談判

在大陸方面發生,要等到李登輝提出兩國論之後,即放棄建立原則的階段,這個原則就是一個中國原則。

五、「非外交」的培養

總括來說,兩岸關係是一個兩岸政府建立其百姓自我身分想像的主要場域,兩岸的接觸不得不反映各自的想像。由於不能在接觸當中得到滿足,因此接觸變成是一種挑戰自我想像的活動,乃有了自我異化的危機。兩岸管理這個危機的手段受到各自歷史脈絡的影響,並不能很快的找到共通的自我治療之道。過去研究兩岸關係很少觸及需要的層面,因此總是認為兩岸政策就只不過是一個戰略的問題,所幸Der Derian(1992)提出了非外交的概念,將異化與反異化的觀點提到研究議程上來,對於深層地解析兩岸關係甚具啟發。由於兩岸政府間的接觸協商已經成為不斷製造自我異化的元兇禍首,在他們各自裏脅的民間社會中正累積出大量的不安與焦慮,可以預期的是,民間是會遲早會出走,用人們自己熟悉的在文化上最自然方式,跳出政府製造的自我異化循環,發揮政府所參與不了的非外交與非談判活動,讓對立的兩岸關係留給政府。

結論

我們從人民對權力的理解與感覺中，看出了固有文化的
積澱猶深；從觀念與實踐不斷發生落差的憲政運作中，感嘆
了魂不守舍的法治制度；從沈昌煥遺留的片紙隻字中，解析
出了今天失去表徵的老派人格；從台灣兩位民選總統的政策
傾向中，揭露了後殖民歷史脈絡的痕跡；從中山先生革命錘
鍊的思想文本中，勉力閱讀出了一種開創性的文化發展方
法；從兩岸談判時採用的身分論述中，發掘了隱藏的對自我
迴避的心理。在一切情感都難以表達的情境中，人們對於熟
悉的情和理，已經失去在公共場合得以將之敘述的語言；對
於熟悉的語言，人們已經遭其占據而不自覺地不斷地疏離自
己。所以對政治文化與人格的詮釋，不僅是現象的描述，更
是在藉由可能性的揭露、不可決定性的正常化、能動性的賦
予，來進行自我治療與相互治療。

從此，要是再度遭遇文化與人格的宏觀理論，必然警戒
之心油然而生，而面對活生生的人的時候，則能解除必欲將

之定位而後已的心理武裝。我們要從人的內在，去體會能動的潛力如何澎湃，並保持高強的敏感度，時時期待某一種歷史的偶然，來解放當下似乎正在專擅的某種必然的行為法則。生在各種文化價值體系之間的我們，有著不受任何本體論所束縛的得天獨厚，最能融入情境，千萬不要讓主流政治學所獨尊的個人主義方法學鎖住。研究政治文化就是一種文化實踐，研究政治人格就是一種人格治療，而政治學就像政治一樣，當然不能不也是一種文化與人格現象。

附錄　能動與建構──兩岸關係中的土石泥流風格

建構主義者Alexander Wendt關心的主要問題，是國家作為能動者在體系中的身分如何獲得實踐？此一實踐如何受到物質力量的分布所制約？並如何經由能動者的身分實踐開展體系結構的變遷？運用到兩岸關係時，在Wendt的研究議程上值得探索的課題，包括兩岸政府彼此之間如何形成一個互動體系？這個體系怎樣反映兩岸實力的對比與分布？以及這個體系與兩岸各自的身分如何相互構成？

不難看出，Wendt筆下的國家能動者其實不大能動，因為能動的方向受到物質力量的左右，而且國家能動者是以延續性的、漸進式的、結構化的形態在實踐其身分。如果打一個比方，把馬路看成國際體系，沿路的區域是國家，則Wendt好像是在研究鋪設馬路，馬路怎麼鋪設當然受到各沿路地方之間經濟資源分配的影響。馬路需要維修、拆撤或延伸，同樣受到周邊地方的資源所影響，也影響周邊地方的經

濟,所以不論是周邊地方也好,馬路也好,都不能片面任意變動。

可是,馬路下面的泥土會不會鬆動呢?住在都市裡久了的人都很難想像,被柏油、地基、水道層層綁住的泥土會鬆動。不過,山區的人卻頗能領會。故一個颱風或暴雨,都造成泥石流的威脅,屆時莫說馬路,就連大樓一樣會傾塌。住在都市裡的人不會去研究地基鬆動,久而久之就以為是馬路在決定一切,雖然周邊地方可以產生逐步的影響,然而馬路的結構最重要。在人們運用Wendt的理論在研究兩岸關係時,往往忘記先看兩岸關係的結構是像都市裡的馬路,還是像山坡違建地的泥土。

參與兩岸關係的人民若是有如泥土,那就要注意了,因為泥土能載馬路,也可以覆馬路。假如國家能動者在馬路傾覆之際仍然以為自己走在馬路上,就會被淹沒。泥土什麼時候會覆馬路,是一件難以預測的事,有時雖然預測到了可能性,也會誤以為都市的結構強大無比,就算用兩百年最大災害的標準來侵襲,也能安然無恙。但不幸有九二一大地震與納莉水災降臨,霎時之間戳破了馬路的神話。

這如同在兩岸之間的文化現象,有台商、偷渡客、大陸妹、留學生、觀光客、親家,他們長期穩定的跨國界身分一

旦被揭露，就對尚未採取行動的民衆，產生巨大的能動性的示範，這些示範固然尚未帶動全面解放，但人民的潛在能動力足以嚇壞所謂的國家能動者。因爲在概念上，國家能動者的壓迫性遭到揭露，其統治信用將會隨之破產。

換言之，人民的行動中具有斷裂性、急劇式、零碎化的文化可能性。國家身分的實踐與國際體系到底是相互構成或相互摧毀，不是國家或國際體系本身決定的，而是蠅苟由之的人民在偶然與巧合間所共同湊出的結果。至於人民會成爲被國家成員身分所裏脅的都市泥土，或地震水災所解放的泥石流，更不是國家或國際體系能範定的。這種被理論遮蓋的能動性與流動力，不存在於國家能動者的認知裡，使得Wendt的理論淪爲一種政治主張，以忽略或封鎖文化的開展性與人民的能動性爲其最大功效。

Wendt的理論如果用來理解兩岸關係，充其量是在對兩岸關係提出一種本體論的主張，有利於以國家名義從事宰制的人，不利於受到裏脅的國民發揮能動性。但是文化與人民的能動性的解放，就像泥石流一般，解放的機緣來自於國家所能掌握的知識範圍以外，但卻會爲不知其然或其所以然的人民所攀附。國家能動者唯一擅長的，就是指控人民背叛。但等到甘心接受動員的國民有意無意地流失之際，壟斷國家

名器的領導者所剩下的手段，就是假裝自己有辦法維修出更
堅固的道路，而Wendt就是一位可以被聘來在泥石流上想像
出一條馬路的洋師傅。

參考書目

一、中文部分

尹章義（1989），〈一齊走向新樂園〉，輯於魏貽君，《台灣政將士相》。台北：自立晚報。

文崇一（1981），〈工業社會的倫理〉，《聯合報》（3.21）。

王作榮（1983），〈中國文化與現代生活〉，《中國時報》（3.14）。

王銘義（2000），〈陳水扁總統當選前後有關「一個中國」的談話紀要〉，《中國時報》：2。

石之瑜（1992），《兩岸關係的深層結構》。台北：五南。

朱雲漢（1993），〈法國憲政體制對我國憲改的啓示〉，《國家政策雙週刊》，73：3-8。

何清漣（1998），《現代化的陷阱》。北京：今日中國出版社。

吳玉山，林文程，江水平（合著）（1995），《後鄧時期對大

陸及台灣的震盪》。台北：財團法人國家發展研究文教
基金會。

宋永毅（2000），〈一個精心剪裁出來的文革周恩來形象〉，
《中國大陸研究教學通訊》，37：1-7。

宋璽（1976），《中國國民黨政綱政策的演進》。台北：正
中。

李念祖（2000），"Development of Constitutionalism in
Taiwan and Its Political Implications-A Constitution to
Replace a King"，發表於「法治與法治觀念在亞洲」研
討會，台北（9.18）。

李念祖（2000），〈做憲法的僕從──不做權力的僕從〉，
《中國時報》（9.26）：15。

李念祖（2000），〈開展憲政主義思潮與中國政治思想的對
話〉，《中國大陸研究教學通訊》，39。

李國鼎（1981），〈經濟發展與倫理建設〉，《聯合報》
（3.28）。

李復甸、劉振鯤（2000），《法學概論》。台北：大中國圖
書。

李登輝（1990），〈邁向二十一世紀的文化建設〉，《中華文
化復興月刊》，23，12。

李登輝（1992），《建立中華民族的新時代》。台北：正中。

李登輝（1994），〈生為台灣人的悲哀〉，《自立晚報》（4.30-5.2）：3。

李登輝（1994），《寧靜革命》。台北：行政院新聞局

李登輝（1996），《經營大台灣》。台北：遠流。

李登輝（1997），《台灣的主張》。台北：遠流。

李登輝（2000），〈亞洲的智略〉，摘於《自由時報》（7.21-26）：2。

李鴻禧（1999），《李鴻禧憲法教室》。台北：元照。

李鴻禧（2000），"The Compound Complex Political Implication of the Rule of Law in Eastern World: A Historical Sketch of Taiwan Transplantation of Western Law"，發表於「法治與法治觀念在亞洲」研討會，台北（9.18）。

沈大川（2001），〈恩重如山〉，輯於沈大川，石之瑜（合編），《寧靜致遠，美麗人生》。台北：翰蘆。

沈昌煥（1935），〈從北平到歸綏──西北紀遊之一〉，《華年週刊》（5.11），4，18。

沈昌煥（1935），〈歸綏一瞥──西北紀遊之二〉，《華年週刊》（5.18），4，19。

沈昌煥（1935），〈內蒙問題的今後〉，《華年週刊》（5.25），4，20。

沈昌煥（1935），〈從歸綏到百靈廟〉，《華年週刊》（9.7），4，35。

沈昌煥（1935），〈書報介紹：一個中國人對於美國文明之觀察〉，《華年週刊》（9.28），4，38。

沈駿，趙玉南（合編）（1994），《台灣各黨派與海峽兩岸關係》。武漢：華中師範大學出版社。

汪彝定（1982），〈紀律重於一切〉，《中國時報》（3.5）。

邵玉銘（1987），《國際局勢與中國前途》。台北：黎明文化。

周世輔（1992），《中山思想新銓》。台北。

周玉蔻（1993），《李登輝的一千天》。台北：麥田。

林正義（1985），《1958年台海危機期間美國對華政策》。台北：商務。

金泓汎（1989），〈社會主義初級階段與「一國兩制」構想〉，《台灣研究》，2。

金觀濤（1997），〈中國文化的常識合理精神〉，《中國文化研究所學報》，新6。

洪惟仁（1990），《台灣禮俗語典》。台北：自立晚報。

胡佛（1998），〈論回歸憲法與強人政治〉，輯於胡佛，《憲政結構與政府體制》。台北：三民。

胡慕遠（1989），〈短小輕薄軟的歷史〉，輯於莊永明《台灣名人小札》（二）。台北：自立晚報。

范希周（1989），〈1954～1955年台灣海峽緊張局勢分析〉，《台灣研究集刊》。

夏珍（2001），〈李剖心剖腹遮不住可觀財富〉，《中國時報》：焦點新聞版。

孫文（年闕），《國父全集》，第三冊。

徐宗懋（1997），《日本情結》。台北：天下文化。

柴松林（1982），〈除了自己，還有別人〉，《中國時報》（6.15）。

郝晏榮（1989），〈近代化與近代知識階層的選擇〉，《河北學刊》，3。

康日昇，汪彗星（合著）（1997），〈超級轎夫較勁，宋扁南縣對陣〉，《中國時報》：台灣要聞版。

張炎憲等（合著）（1990），《台灣近代名人錄》。台北：自立晚報。

張俊宏（1989），《台灣工商人》。台北：自立晚報。

張瑞昌（2000），〈陳水扁總統接受外國媒體專訪兩岸問題

重點彙整〉，《中國時報》（10.28）：2。

張磊，林家有，周興樑（合著）（1993），《國共關係與兩岸
　　關係研究》。武漢：湖北人民出版社。

莊伯和（1990），序，徐海鈴，《台灣感覺》。台北：自立晚
　　報。

許文斌（1996），〈鬧場秀已被看破手腳〉，《自由時報》
　　（12.29）：7。

許志文（1996），〈總統直選的民主效用〉，《月旦法學》，
　　12：16-22。

許蘇民（1986），〈民族文化心理素質是不同文化類型的基
　　本內核〉，《江漢論壇》，10。

郭正亮（1996），〈尋求總統和國會的平衡〉，《問題與研
　　究》，35，7：56-72。

郭爲藩（1982），〈推動精神建設以正風勵俗〉，《中央日報》
　　（7.8）。

陳水扁（2000），〈總統就職演說〉，《聯合晚報》（5.20）：
　　2。

陳立夫（1990），〈弘揚我國道德文化〉，《中國文化復興月
　　刊》，23，6。

陳兗，楊瑞蘋，陳明旺（合著）(2000)，〈總統記者會問答

全文〉,《明日報》(9.16)。

陳啓懋(2000),《中國對外關係》,台北:吉虹。

陳盛山(2000),〈阿扁最擔心的一件事〉,《明日報》
(6.19)。

陳琰玉(1989),序,莊永明,〈台灣名人小札〉(一)。台
北:自立晚報。

彭錦鵬(2001),〈總統制世可取的制度嗎?〉,輯於明居
正,高朗(編),《憲政體制新走向》。台北:新台灣人
文教基金會,頁213-263。

森村進(1944),〈權利人格——超個人主義理論規範〉。東
京:創文社。

湯德宗(1997),〈論九七修憲後的權力分立〉,《台大法學
論叢》,27,2:135-178。

隋杜卿(1997),〈我國政府體制定位的回顧與前瞻〉,《中
山人文社會科學期刊》,5,3:127-170。

陽友權(1989),〈姚劉之爭與中國文化的困境〉,《江漢論
壇》,6。

黃主文(1994),《邁向二十一世紀》。桃園:世紀出版社。

黃光國(1981),〈為當前社會的道德危機把脈〉,《中國論
壇》。

黃光國（1996），《民粹亡台論》台北：商周。

黃昭元（2000），〈當雙首長制遇上分裂政府〉，《月旦法學》，67。

黃美英（1988），《台灣文化滄桑》。台北：自立晚報。

黃嘉樹（1994），《台灣能獨立嗎？》。海口：南海出版公司。

楊志誠（1998），《中華民國憲政民主之探討》。台北：大中國圖書。

楊索（2001），〈孤寂蔣方良寥落官邸歲月〉，《中國時報》（2.16）：社會綜合版。

楊善民（1988），〈文化傳統論〉，《山東大學學報》，3。

楊開煌（2000），《困局》。台北：海峽。

葉俊榮（2001），〈台灣的轉型憲政主義〉，輯於明居正，高朗（編），《憲政體制新走向》。台北：新台灣人文教基金會。

載國煇（1985），《台灣史研究》。台北：遠流。

鄒景雯（1996），〈黃昆輝：憲制翻修有助於政局安定〉，《自由時報》（12.30）：2。

廖文義（1990），《異端觀點》。台北：桂冠。

趙建民（1998），〈台灣主體意識與中國大陸民族主義的對

抗〉，《中國大陸研究》，41，1。

劉軍寧（1991），《權力現象》。台北：商務。

鄭欽仁（1990），序，輯於陳芳明，《台灣內部民主觀察》。
台北：自立晚報。

盧瑞鍾（1995），《內閣制優越論》。台北：三民。

蕭功秦（1989），〈儒家的三種歷史型態與當代中國的政治
文化〉，《中華文化月刊》（10），52-55。

蕭全政（1997），〈國家發展會議的定位與意義〉，《理論與
政策》，11，2：3-14。

謝遐齡（1988），〈論中西文化差異之根與當代中國文化之
趨向〉，《復旦學報》，3。

鍾肇政（1988），序，鍾孝，《台灣先民奮鬥史》。台北：自
立晚報。

蘇永欽（2000），〈府院一家？先請總統兼任黨主席〉，《聯
合報》（10.7）：15。

顧龍生（1992），《毛澤東經濟思想引論》。太原：山西經濟
出版社。

二、英文部分

Baogang He(2000). "New Moral Foundations of Chinese Democratic Institutional Design" in S. Zhao (ed.), *China and Democracy*. London: Routledge.

Barry M. Hager (1999). *The Rule of Law*. Washington D. C. : The Mansfield Center for Pacific Affairs.

Barry, Brian (1995). *Justice as Impartiality*. Oxford: Clarendon Press.

Bell, Daniel A. (1993). *Communitarianism and Its Critics*. New York: Oxford University Press.

Bell, Daniel A. (2000). *East Meets West*. Princeton: Princeton University Press.

Bellah, Robert N. (1986). *Habits of the Heart*. New York: Harper and Row.

Buchanan, James (1975). *Limits of Liberty*. Chicago: University of Chicago Press.

Chou, Tse-tung (1960). *The May Fourth Movement*. Cambridge: Harvard University Press.

Cottam, Martha and Chih-yu Shih(eds.) (1992). *Contending*

Dramas. New York: Praeger.

Der Derian, James (1990). *On Diplomacy.* London: Blackwell.

Der Derian, James (1992). *Anti-diplomacy.* London: Blackwell.

Dowdle, Michael W. (1999). "Heretical Laments", *Cultural Dynamics,* 11, 3 (November): 287-314.

Ely, J. H. (1980). *Democracy and Distrust.* Cambridge: Harvard University Press.

Enbao Wang and Regina F. Titunik (2000). "Democracy in China" in S. Zhao (ed.), *China and Democracy.* London: Routledge, pp. 83-84.

Fitzgerald, John (1999). "China and the Quest for Dignity". *The National Interest* (Spring).

Galmer, Robert E. (1999). "Chinese Politics" in R. E. Galmer (ed.), *Understanding Contemporary China.* Boulder: Lynne Rienner.

Glass, James S. (1995). *Psychosis and Power.* Ithaca: Cornell University.

Hayek, Friederich A. (1982). *Law Legislation and Liberty.* London: Routledge.

Hood, Steven J. (2001). "Rights Hunting in Non-Western

Traditions" in L. S. Bell, A. J. Nathan and I Peleg (eds.), *Negotiating Culture and Human Rights*. Columbia: Columbia University Press, pp. 98-102.

Kapur, Ratna and Brenda Cossman (1996). *Subversive Sites*. New Delhi: Sage.

Lifton, Robert (1969). *Revolutionary Immortality*. New York: Random House.

Ling, Lily H. M. and Chih-yu Shih (1999). "Confucianism with a Liberal Face" in F. Dallmayr (ed.), *Border Crossing*. Lanham, Maryland: Lexington Books.

Locke, John (1965). Two Treaties of Government (ed.), *Peter Laslett*. New York: New American Library.

Maltz, Maxwell (1966). *Psycho-Cybernetic*. New York: Pocket Books.

Mancall, Mark (1984). *China at the Center*. New York: The Free Press.

Mazlish, Bruce (1968). *The Revolutionary Ascetic*. New York: Basic Books.

Meijer, Marinus J. (1976). *The Introduction of Modern Criminal Law in China*. Arlington, VA: University Publication of

America.

Pye, Lucian (1968). *The Spirit of Chinese Politics*. Cambridge: MIT.

Pye, Lucian (1985). *Asian Power and Politics*. Cambridge: Harvard University Press.

Rawls, John (1972). *A Theory of Justice*. Oxford: Oxford University Press.

Schwartz, Benjamin (1985). *The World of Thought in Ancient China*. Cambridge: The Belknap Press of Harvard University.

Schwartz, Benjamin (ed.) (1972). *Reflections on the May Fourth Movement*. Cambridge: Harvard University Press.

Shaohua Hu, (2000). "Confucianism and Western Democracy" in S. Zhao (ed.), *China and Democracy*. London: Routledge, pp. 55-72.

Shih, Chih-yu (1990). *The Spirit of Chinese Foreign Policy*. London: Macmillan.

Solomon, Richard (1971). *Mao's Revolution and the Chinese Political Culture*. Berkeley: University of California Press.

Takeyoshi, Kawashima (1999). "The Status of the Individual in

Notion of Law, Right, and Social Order in Japan"，引於馬漢寶，《法律與中國社會之變遷》。台北：翰蘆。

Tu, Wei-ming (1968). "The Creative Tension between Jen and Li" Philosophy East and West, 18: 29-39.

Waldron, Jeremy (1984). "Introduction" in J. Waldron, Theories of Justice . London: Oxford University Press.

Wilson, Richard et. al. (eds.) (1979). Value Change in Chinese Society. New York: Praeger.

Xu, Xiaoqun (1997). "The Fate of Judicial Independence in Republican China, 1912-1937" The China Quarterly, 149 (March): 1-28.

政治文化與政治人格　　知識政治與文化系列1

著　　者☞ 石之瑜

編輯委員☞ 石之瑜・廖光生・徐振國・李英明・黃瑞琪・黃淑玲
　　　　　・沈宗瑞・歐陽新宜・施正鋒・方孝謙・黃競涓・江
　　　　　宜樺・徐斯勤・楊婉瑩

出 版 者☞ 揚智文化事業股份有限公司

發 行 人☞ 葉忠賢

總 編 輯☞ 林新倫

執行編輯☞ 吳曉芳

登 記 證☞ 局版北市業字第 1117 號

地　　址☞ 台北市新生南路三段 88 號 5 樓之 6

電　　話☞ （02）23660309

傳　　真☞ （02）23660310

郵撥帳號☞ 19735365　　戶名：葉忠賢

法律顧問☞ 北辰著作權事務所　蕭雄淋律師

印　　刷☞ 偉勵彩色印刷股份有限公司

初版一刷☞ 2003 年 4 月

I S B N ☞ 957-818-454-9

定　　價☞ 新台幣 250 元

網　　址☞ http://www.ycrc.com.tw

E-mail ☞ book3@ycrc.com.tw

國家圖書館出版品預行編目資料

政治文化與政治人格 / 石之瑜著. -- 初版. --
　臺北市：揚智文化, 2003[民 92]
　　面；公分. --（知識政治與文化系列；
1）
　參考書目：面
　ISBN 957-818-454-9（平裝）
　1.政治學 － 論文, 講詞等

570.7　　　　　　　　　　　91018968